経験なき経済危機

日本はこの試練を成長への転機になしうるか？

野口悠紀雄
Yukio Noguchi

ダイヤモンド社

No man is an iland, intire of it selfe; everyman Is a peece of the Continent, a part of the maine; if a Clod bee washed away by the Sea, Europe is the lesse, as well as if a Promontorie were, as well as if a Mannor of thy friends or of thine owne were; any mans death diminishes me, because I am involved in Mankinde; And therefore never send to know for whom the bell tolls; It tolls for thee.

John Donne, *Devotions upon Emergent Occasions*

誰もが、それ自体で完結した島ではない。すべての人は大陸の一片、本土の一部。一かけらの土塊、もし海に押し流されれば、欧州はそれだけ縮まる。岬の押し流さるる如く、汝が友の、あるいは汝れ自らの荘園の押し流さるる如く。誰の死も私を損なう。なぜなら、私は人類の一員なれば。それゆえ、誰がために鐘は鳴るかと問うなかれ。そは、汝がために鳴る。

ジョン・ダン『差し迫った状況での祈り』

（野口悠紀雄訳）

はじめに

われわれは、かつて経験したことがない深刻な経済危機に直面している。

2020年6月に公表された世界銀行の報告書は、新型コロナウイルス感染症（COVID-19）による世界経済の危機は、第1次世界大戦、第2次世界大戦、大恐慌に次ぐ、歴史上で4番目のものだとした。

これは欧米人の評価だから、日本人から見ると、第2次大戦に次ぐ歴史上2番目の危機ということになるだろう。第2次大戦の記憶がない人にとっては（そうした人がいまでは日本人の大部分だが）、生涯で初めての深刻な経済危機ということになる。「かつて経験したことがない深刻な経済危機」と冒頭に書いたのは、そのためだ。

これまでも、東日本大震災や豪雨による洪水など多くの災害があった。被害を受けた人々は、大変深刻な事態に陥った。いまだに避難生活を強いられている人々がいる。ただし、それらは今回ほど広範なものではなかった。今回の危機は、日本人すべて、いや人類すべてにかかわるものだ。誰もが他人事《ひとごと》とすることができない。

20年3月頃から、新型コロナウイルスの感染拡大によって経済活動を急停止せざるをえなくなり、企業は深刻な売り上げの激減に突然直面した。

異常な状況は、いまに至るまで続いている。いったんは減少するように見えた感染者数が、7月頃からまた増え始めた。本書の執筆時点で、事態が今後どうなるのか、まったく見通すことができない。この問題が解決されるには、ワクチンが開発され、すべての人が接種を受けられることが必要だが、それがいつになって実現するのか分からない。

新型コロナウイルスは、これまでの社会が抱えていたさまざまな問題や矛盾を、白日の下にさらけ出した。格差、制度の歪《ゆが》み、政治家の資質、日本におけるデジタル化の著しい立ち遅れ等々だ。そして、疫病をコントロールするために国家権力による管理統制と自由のバランスを取ることの難しさだ。

そうした問題を知ってしまったわれわれは、コロナが終息したところで、元の生活に戻ることはできない。だから、コロナ後の世界は、これまでの世界と同じものではありえない。

他方で、コロナに対処するために導入されたさまざまな改革が、新しい社会を作っていくとの期待もある。例えば、在宅勤務だ。それによって働き方が変わるとすれば、災いを転じて福となすことができる。いま世界は、そうした転換ができるかどうかを問われている。

本書の概要は以下のとおりだ。

第1章、第2章の課題は、日本経済が受けた打撃の分析だ。日本経済が一様でないという事実を明らかにする。営業自粛などによって収入が著しく減っているのは、小売業とサービス産業だ。これは、もともと生産性や給与水準が低く、日本経済で最も弱い部門だ。この部門の就業者は、全体の約3分の1だ。つまり、全国民が一様に影響を受けているわけではない。

この部門では、休業者が激増した。売り上げが減少して仕事がなくなったが、企業がバッファー（緩衝）になって雇用を支えている。これは雇用調整助成金などの施策がなされていることによる。その結果、多くの企業の営業利益が赤字になっていると思われる。休業者数は4月に600万人になったあと5月には400万人強に、そして6月には200万人強に減少した。しかし、潜在的な失業者であり、影響が長引けば現実に失業者となる危険がある。

4～6月期の実質GDP（国内総生産）は、前期比年率27・8％の減だった。これは「戦後最悪の落ち込み」だが、前期比でいえば「わずか」7・8％であり、欧米に比べればかなり低い。しかし、GDPは全体の平均像しか示していないので、深刻な事態に陥っている部門があることが分からない。4～6月がボトムである可能性が高いが、V字回復は難しい。

第2章は、企業活動の分析だ。日本の輸出は激減している。とくに自動車の輸出が大きく減少し、これによって自動車生産が落ち込んでいる。その半面で、PC（パソコン）などの生産は増加した。

日本の自動車輸出は、6月は対前年比半減の状態だ。国内販売は「半減」から回復はしたが、それでも2割減だ。トヨタ自動車の見通しでは、20年の世界販売は前年比2割以上減少し、利益が8割減少する。自動車産業は、コロナショックに生き残れるだろうか？

貿易の落ち込みの原因は国内需要の減少であり、サプライチェーンの分断ではない。2月には中国からの輸入が激減したが、回復した。国際的水平分業は続くだろう。

売り上げ急減に直面した企業は、売上原価（仕入れや材料購入など）を圧縮する。これにより、最初は売り上げ減が深刻でない企業の売り上げも減少する。この連鎖過程が続くと、日本のほとんどの企業が損益分岐点の近傍をさまようことになる。

第3章では、コロナに対処する政策を論じた。最初に取り上げたのは、「高齢者を見捨てる」という政策（「悪魔の戦略」）だ。この戦略は、経済的に見れば合理的といえなくはないが、私は断固反対だ。

また、国家が危機に直面したとき指導者がいかに対応したかを比較した。1588年にスペイン無敵艦隊が押し寄せる戦場の最前線に赴いて行なった演説（ティルベリー演説）で国民を奮い立たせたエリザベス1世や、自らの言葉でドイツ国民に危機的状況下での協力を訴えたドイツ首相アンゲラ・メルケルのような指導者を得た国民を、心から羨《うらや》ましく思う。

この章では、自粛要請と補償の関係などについて論じた。また、日本政府がこれまで行なった緊急対策をまとめた。

第4章では、特別定額給付金やＧｏＴｏ政策についての検証を行なった。

一律10万円の特別定額給付金によって、家計実収入が増加した。6月には増加率が15・6％にもなった。新型コロナによっても実収入が減少していないところに給付金を与えたので、過剰な給付を行なったことになる。どうすれば本当に必要とする人々に集中して救済できるかを、考える必要がある。

批判が集中していた政府の観光支援策「ＧｏＴｏトラベル」は、東京を除外することで7月22日から開始された。しかし、これについては多くの疑問がある。東京除外で感染拡大を防止することはできない。また、観光旅行を補助する一方で、通院のための交通費に何の補助もなされないのは、均衡を逸している。高齢者が安心して医療サービスを受けられる条件整備も必要だ。

ＧｏＴｏトラベルなどの政府の施策は、高齢者からすると「悪魔の戦略」に見える。

コロナ対策の膨大な財政支出は、国債によって賄わざるをえない。これによって国債残高が累増するし、マネー（マネーストック：日銀券と銀行預金）も増加する。これがインフレをもたらすことにならないかというのが、第5章のテーマだ。

コロナ期においては、需要が減少しているため、そうはならないし、マネーの需要増大に対応して供給が増えているので、マネーの過剰発行にもならない。しかし、コロナが終息して経済が正常化した場合、なお残る国債残高をどうするかは大きな問題だ。

実体経済の見通しが一向に好転しないにもかかわらず、株価は堅調だ。経済の回復に関する見通しが楽観的であるだけでなく、政府や中央銀行がリスクを引き受けたという過大な期待によるものではないかと考えられる。この問題は、第6章で論じている。

第7章のテーマは「ニューノーマル」（新常態）だ。とくに重要なのは、在宅勤務への移行だ。コロナによって導入が推奨されたにもかかわらず、また、さまざまな利点を持っているにもかかわらず、日本で導入は進んでいない。ｅコマースやキャッシュレス化、また、オンライン教育やオンライン医療についても、同様の傾向が見られる。

この章では、ニューノーマルへの移行を妨げている要因が何であるかについての分析を行なった。在宅勤務についていえば、勤務評価が仕事の成果ではなく勤務時間によって行なわれていること、紙と印鑑に頼る日本の事務処理の実態などが原因として挙げられる。


ニューノーマルへの移行を妨げている要因は、日本の生産性を低位にとどめている要因でもある。日本の生産性はOECD諸国で最下位のグループにあり、すでに韓国やトルコに抜かれている。現在の状況が継続すれば、日本は優秀な人材を引き留められなくなる。第8章では、生産性の向上が日本にとって急務であることを訴えている。


本書は、平常時の経済の分析ではない。異常な期間の記録だ。二度と再び経験したくない苦しい時代の記録だ。

われわれは、コロナ終息を祝う日がいつかは来ると信じている。そのとき、夜空には大きな花火が打ち上げられるだろう。そして、コロナの時代の記録が、過去のつらかった日々の思い出として読まれるだろう。そうした期待だけが、挫《くじ》けそうになる気持ちを支えている。

しかし、われわれはそのとき、アルベール・カミュが小説『ペスト』の最後で言った警告を忘れてはならない。彼は、「ペスト菌は決して死ぬことも消滅することもない」と書いたのだ。

われわれがいまコロナに苦しんでいるのは、彼の警告が小説の中だけのことだと考えて、感染症に対する十分な備えを怠っていたからだ。それだけでなく、もっと早く行なうべき社会制度の改革を怠っていたからだ。

本書の基本は、「ダイヤモンド・オンライン」に連載した記事をもとにしている。連載にあたってお世話になったダイヤモンド社ダイヤモンド編集部の西井泰之氏に御礼申し上げたい。

また、「現代ビジネス」「東洋経済オンライン」「フォーサイト」に連載した記事をもとにしている部分もある。これらの連載でお世話になった講談社第一事業局第一事業戦略部「現代ビジネス」編集部の間宮淳氏、東洋経済新報社「東洋経済オンライン」編集長の武政秀明氏、新潮社「フォーサイト」の内木場重人編集長、森休八郎氏に御礼申し上げたい。

本書の取りまとめにあたっては、ダイヤモンド社書籍編集局第二編集部の田口昌輝氏にお世話になった。御礼申し上げたい。

2020年9月

野口 悠紀雄

目次

第3章 迷走を続けた政治の対応

第4章 不適切な政策が多すぎる

第5章 財政支出増でインフレにならないか？

第6章 実体経済から離れた株価の動き

第7章 ニューノーマルへの移行を妨げるもの

第8章 生産性の引き上げが急務

第1章

日本経済が受けた打撃〈1〉
休業者の激増

1 コロナで収入激減は国民の3割

3月の家計調査で消費の落ち込みは「わずか」6%

新型コロナウイルスの感染拡大に対する緊急経済対策で、外出自粛や営業自粛、休業要請などの行動制限が行なわれ、日本経済に大きな打撃を与えた。

ところが、総務省が2020年5月8日に発表した3月の家計調査は、ある意味でショッキングな結果だった。なぜなら、実質消費支出の前年比減少率が、6%でしかなかったからだ(2人以上の世帯、季節変動調整値)。

3月は緊急事態宣言こそ発令されていなかったが、外国人観光客は激減しており、大規模なイベントなどの自粛によって経済活動はすでにかなり大きな影響を受けていた。

しかも、実質消費支出は、消費税増税が実施された19年10月から、対前年比で5%程度の減少が続いていた。3月は、それに比べて減少率がわずか1ポイント増えただけのことだったのである。

これは、経済活動の自粛要請による需要の減少は、日本経済の一部に限定された現象であり、経済全体の問題とはいいがたいことを示している。そして、このことは、政府のコロナ問題に対する政策がどのようなものであるべきかに関して、大きな意味を持っている。

需要が大きく減少したのは全体の約3割

家計調査の品目分類で見ると、対前年同月の実質減少率が消費支出全体のマイナス6％を超えたのは、被服及び履物、教育、教養娯楽、その他の消費支出だけだ（図表1－1）。これらは、「任意消費」と呼ばれるものだ。その合計の消費支出に対する比率は33・2％である。つまり、全体の3分の1の業種において、極めて大きな売り上げの落ち込みが生じたのだ。

これら以外の項目（食料、住居、光熱水道、保健医療、交通・通信）は、「基礎的消費」といえるものだが、これらは微減にとどまるか、あるいは増加だ。基礎的消費は減らず、任意的消費が減ったというのは、行動制限が「不要・不急」のものを対象としているので、当然のことだ。それがどの程度の規模のものであるかが、家計調査によって分かったのである。

消費支出をさらに細かい分類で見れば、つぎのように、対前年比で大きな減少率を示している部門がある。

外食食事代（対前年同月比30・3％減）、飲酒代（53・5％減）、教養娯楽（20・6％減）、

図表1-1　項目別消費支出の動向（2020年3月）

	金額（円）	対前年同月比（%）
消費支出（a）	292,214	-6.0
（減少率が大きな項目）		
被服及び履物	9,956	-26.1
教育	10,530	-17.4
教養娯楽	24,996	-20.6
その他の消費支出	51,628	-8.3
小計（b）	97,110	
b／a（%）	33.2	

（資料）家計調査

宿泊費（55・4％減）、パック旅行費（83・2％減）。映画・演劇等入場料（69・6％減）、遊園地入場・乗物代（86・8％減）などだ。

　また、大きな括《くく》りで見れば減少率は小さいが、より詳しく見れば大きく減少している場合もある。例えば、「交通・通信」は1％減だが、タクシーは大幅な需要減だ。

　ニュースでは、こうした部門の惨状が報道される。それを見ていると、経済全体がそうなってしまっているような印象を受けるが、実はそうでなく、一部の問題なのだ。

需要が増えている部門もある

　以上で見たのは消費額の減少だが、これが事業者や就業者の部門別の収入減少率の大まかな姿を表していると考えることができるだろう。そうであれば、売り上げや収入の著しい減少に直面しているのは、全体のほぼ3分の1程度と考えることができる。

コロナ問題ですべての国民が一様に所得減少に直面しているのではないのだ。実際、公務員の給与は、まったく影響を受けていない。大企業の従業員も、一部を除いては、影響を受けていないだろう。

さらに、コロナ太りの部門さえある。ゲーム機の消費は前年同期比で165・8％増、ゲームソフトなどは157・0％増だった。インターネット接続料（12・4％増）、書籍（12・3％増）も増えた。パスタ（44・4％増）や米（15・3％増）などの食料品も増えた。PCも50％増だ（ただし、書籍がこれほど増えているというのは、違和感がある。増えているのは、学習参考書など一部の書籍だけではないだろうか？）。

以上は、家計調査による消費だけを見たものだ。最終需要としては、家計消費が捉えている消費だけでなく、耐久消費財もあるし、投資支出もある。だから、実際に打撃を受けている人々の比率はもっと大きいだろう。例えば車の生産が減ったことによって失業する人がいたとすると、それは家計調査の消費の動きでは分からない。

失業率もわずかな上昇、雇用調整に直結せず

失業率も、3月時点ではほとんど変化していない。労働力調査によると、2020年3月の完全失業率（季節調整済み）は、2・5％であり、1月の2・4％からわずかに上昇したにすぎない。これは、企業がバッファーになり、売り上げ減少を雇用調整に直結させていないからだ。大企業の場合には、とくにその傾向が顕著だ。

一方、アメリカの場合、レイオフ（一時解雇）が簡単にできるので、失業率は急上昇している。アメリカの4月の失業率は14・7％で、戦後最悪値を記録した。累計約3兆ドル（GDPの13・7％）の経済対策を行なったが、失業の急増で消費が落ち込んだ。

2 「コロナ自粛」は日本経済の最も弱い部門を直撃

収入や雇用に不安を感じている人は3割

1で見たように、コロナ問題で収入について大きな問題を抱えている人は、全体の3割だ。

これらの人々が働くのは、もともと生産性が低く、給与水準が低い部門だ。外出や営業の自粛は日本経済の最も弱い部門を直撃しているのだ。

厚生労働省は、2020年5月11日、新型コロナウイルスに関してLINEの公式アカウントで実施した4回目の全国調査の結果を発表した。

調査は、全国のLINEユーザーが対象で、第4回調査では、心配や不安などについて尋ね、約1800万人が回答した。それによると、収入や雇用について不安を感じている人が、全体の3割に上った。不安を抱いている人が「3割」という数字は、1で家計調査から推計した所得減少者の比率とほぼ一致する。

不安を感じている人の内訳を見ると、つぎのように、外出や営業自粛の影響を大きく受けていると考えられる職種で比率がかなり高くなっている。

例えば、タクシードライバー（82・1％）、理容・美容・エステ関連（73・0％）、宿泊業・レジャー関連（71・2％）、飲食関連（62・2％）などだ。従業員規模が小さいほど、不安を感じるとの回答比率が高い。

自粛による所得減少はマジョリティーの問題ではない

右の結果を逆に見れば、全体の7割の人は、不安を抱いていないことになる。実際、公務員を見ると、不安を感じている人は1割未満でしかない。

つまり、日本全体から見ると、所得減少はマジョリティーの問題ではないのだ。これは、ある意味でショッキングな結果だ。

この事実は、1でも指摘したように、政府の対策がどのように行なわれるべきかについて、重要な意味を持っている。政策は所得減で困っている人に集中してなされる必要がある。

なお、「ほとんど1日中ずっと憂鬱《ゆううつ》であったり沈んだ気持ちでいる」と答えた人の比率は8・7%で、学生が14・4%で最も高かった。タクシードライバー（13・6%）、宿泊業・レジャー関連（11・9%）、飲食関連（11・5%）も高い。

生産性や給与水準が低い日本経済の最弱部門に打撃

売り上げが大幅に落ち込んだ業種では、給与水準が低い。法人企業統計調査によって、これに小売業を加えた分野の状況を見よう（図表1－2）。

非製造業のうち、小売業に加え、サービス産業から関連すると考えられる業種を取り出してみよう。(注1)

この分野の人員計は、1301万人だ。これは、法人企業統計の全産業の人員計3595万人の36・2%になっている。

図表1-2　小売業と低生産性サービス業（全規模）

業種	a 人員計	b 人件費計 （百万円）	b／a 給与 （百万円）
小売業	4,330,156	4,203,457	0.971
宿泊業	628,404	580,319	0.923
飲食サービス業	1,394,185	1,015,099	0.728
生活関連サービス業	716,975	646,133	0.901
娯楽業	709,854	560,052	0.789
教育・学習支援業	302,883	338,145	1.116
医療・福祉業	589,056	573,851	0.974
職業紹介・労働者派遣業	1,145,978	1,118,785	0.976
その他のサービス業	3,195,897	3,446,586	1.078
合計	13,013,388		

（注）2019年10～12月
（資料）法人企業統計調査より著者作成

この数字は、先の厚生労働省によるＬＩＮＥの調査で不安を感じている人が３割だったことと、ほぼ一致している。

図表１－２に示す業種の中でも、とくに大きな影響を受けていると思われるのは、零細企業だ。この業種での資本金１０００万円以上２０００万円未満の企業の状況を見ると、この範囲には３７４万人の人々がいる（図表１－３）。この人たちは、極めて困難な状況に陥っていると思われる。

この分野は、コロナ前から給与水準が著しく低い。１人当たりの給与が、多くの業種で平均の８割かそれ

図表1-3 小売業と低生産性サービス業（資本金1000万円以上2000万円未満）

業種	a 人員計	b 人件費計（百万円）	b／a 給与（百万円）
小売業	785,894	639,950	0.814
宿泊業	268,567	222,641	0.829
飲食サービス業	477,696	297,215	0.622
生活関連サービス業	243,635	204,668	0.840
娯楽業	189,801	149,099	0.786
教育・学習支援業	122,267	119,068	0.974
医療・福祉業	141,620	150,917	1.066
職業紹介・労働者派遣業	325,265	260,381	0.801
その他のサービス業	1,193,087	1,022,018	0.857
合計	3,747,832		

（注）2019年10～12月
（資料）法人企業統計調査より著者作成

以下でしかない。

（注1）サービス業（集約）とは、宿泊業、飲食サービス業、生活関連サービス業、娯楽業、広告業、純粋持株会社、その他の学術研究、専門・技術サービス業、教育・学習支援業、医療・福祉業、職業紹介・労働者派遣業、その他のサービス業の合計。

日本経済の二重構造――高生産性産業と低生産性産業

日本の産業には、高生産性産業と低生産性産業がある。1人当たりの給与で全産業と比較すると、右に見た業種の給与水準は、全産業に比べて著しく低い。7割から8割程度の水準でしか

図表1-4　業種別の給与水準等

業種	a 人員計	b 人件費計（百万円）	b／a 給与（百万円）
全産業（除く金融・保険業）	35,954,533	46,558,454	1.295
製造業	9,147,802	14,107,796	1.542
非製造業	26,806,731	32,450,658	1.211
電気業	122,201	300,509	2.459
情報通信業	2,077,615	3,398,344	1.636

（注）2019年10～12月
（資料）法人企業統計調査より著者作成

ない。また、電気業や情報通信業などの高生産性産業との間には、2倍を超える格差がある（図表1－4参照）。

つまり、日本の労働市場は、高生産性産業と低生産性産業で給与水準が均一化せず、分断されていることになる。そして、営業自粛は、日本の最も弱い部門を直撃しているのだ。

なお、以上で見たのは、法人だけである。この他にフリーランサーのような個人も、同じように厳しい状況に直面している。

企業が失業や収入減少のバッファーになる

売り上げや利益が激減した企業の従業員が、状況をどの程度不安に思っているかはっきり分からないのだが、すでに指摘したように、大企業の場合には、企業が失業や収入減少のバッファーになっている可能性が高い。

先に見た厚生労働省のＬＩＮＥの調査結果で、従業員規模が大きいほど不安を感じるとの回答比率が低くなるのも、これを裏付けているといえるだろう。

これからの経済では、組織に頼らずに個人が独立して働くことが重要だ。私はこれまでそう信じ、フリーランサーとしての働き方を増やすべきだと主張してきた。

しかし、今回のような異常事態が発生すると、組織（とりわけ大組織）で働く人々は組織に守られるのに対して、フリーランサーは守られない。政府によるさまざまな政策が打ち出されているが、フリーランサーの場合には、所得減を証明するのが難しい場合もある。

コロナ禍がまったくの異常な事態であり、こうしたことが起きると想定できなかったとはいえ、フリーランサーという働き方に大きな疑問が生じてしまったことは認めざるをえない。

勤労者世帯の収入は前年より増加

以上のように消費支出は減っているのだが、では、収入はどうなっているだろうか？

二人以上の世帯全体についての実収入のデータはないのだが、二人以上の世帯のうち勤労者世帯については、実収入のデータがある。そこで、これを見ておこう。

１世帯当たり１カ月間の収入と支出の実質対前年同月比を勤労者世帯について見ると、４月になっても、実収入は減少しておらず、むしろ増加している。

あとで見るように、4月時点では、日本企業の多くが赤字に落ち込んでいると思われる。それにもかかわらず、勤労者世帯の実収入は、4月になっても減少していない。つまり、多くの企業が、従業員の給与を減少させずに支えているのだ。

全国民対象の一律施策でなく、3分の1の人に手厚い政策が必要

以上で述べたことは、政府による救済策がどうあるべきかについて重要な意味を持つ。すなわち、国民に一様に給付金などを配るのがよいのか、それとも、大幅な収入減に直面している人たちに集中的に援助するほうがよいのかという問題だ。

すでに行なわれた政策は、緊急に行なったものだから、この問題について十分に検討して行なわれたものではない。それは、やむをえないといえよう。しかし、長期戦になった場合には、原則を明確にしておく必要がある。

前述の家計調査の結果から推測されるのは、コロナ問題による所得の減少は、すべての国民が一様に直面している問題でなく、一部の人々にとって深刻な問題だということだ。だから、政府の政策は、すべての国民を対象とする一律のものではなく、深刻な問題に直面している人に集中的に行なわれるべきということになる。

政府は当初、収入減少世帯を対象として生活支援のために30万円の給付を決めた。しかし、その後、この案を撤回して、全国民を対象に一律10万円の給付にした。右の観点からすると、この政策転換が正しいかどうかは、極めて疑問だということになる。

問題が長期化すればするほど、大づかみの政策でなく、的確な政策が必要だ。そして、不公平にならないよう、実態に合ったものにする必要がある。

東京都などの休業協力金は、直接の休業要請をした店舗だけを対象としているが、その影響で間接的に売り上げが減少している事業所もある。例えば、飲食店が営業を自粛すれば、そこに酒を納入している業者の売り上げも減るだろう。

したがって、本来は所得を見る必要がある。しかし、すべての人について所得を知ることは難しい。

さらに給付を行なう基準は、高所得者と低所得者の区別ではない。所得がどの程度減ったかだ。所得の証明そのものさえ難しいのに、ましてや、昨年との比較ということになると、さらに難しい。不正も入り込みやすい。公平な給付とするために所得減を正確に把握する必要があるにもかかわらず、実際には把握が極めて難しい。

この問題については、第3章、第4章で再び論じることにする。

3 失業率微増の背後で「休業者600万人」の衝撃

4月の完全失業率2・6%、背後には巨大な失業予備軍

2020年5月29日に総務省が公表した労働力調査によると、20年4月の完全失業率は、前月から0・1ポイント上昇の2・6%にとどまった。失業者数は前月から6万人増加しただけで、178万人になった(いずれも季節調整値)。

なぜ失業者が増えないのだろうか? それを解く鍵が「休業者」だ。

4月の労働力調査では、追加参考表「就業者及び休業者の内訳」という資料が突然現れた。休業者とは、仕事を持ちながら、実際には仕事をしなかった者のうち、給料や賃金の支払いを受けている者だ。だから、求職活動をしておらず、失業者とされていない。

休業者は、これまで毎月150万~200万人程度だったが、4月に突然、対前年同月比で420万人増えて、597万人になった。営業自粛要請などで事業者の売り上げがなくなり、休業せざるをえなくなったからだ。

まだ「失業予備軍」の段階にとどまっているとはいえ、仕事をしていない人が600万人近くになったというのは、ショッキングなニュースだ。4月の労働力統計で最も重要な情報は、これだ。これまでの労働力調査では、「休業者」という項目は、公表される統計表の中には表れなかった。それが、突如として、最も重要な項目になってしまったのだ。

いうまでもないことだが、企業にとって、売り上げが落ち込んだ状態での休業者の人件費は、重い負担となっている。

生産や売り上げ1割減、かつてない落ち込み

休業者が激増したのは、経済活動が落ち込んだからだ。

5月29日に発表された4月の鉱工業生産指数（季節調整済み）速報値は、前月比マイナス9・1％となった。指数は、2013年以降で最も低い水準だ。マイナス幅が最も大きかったのは「自動車」（前月比33・3％減）だ。また、航空機部品などの「輸送機械」（同25％減）、「鉄鋼・非鉄金属」（同14・3％減）も振るわなかった。

鉱工業生産指数は、輸出の減少のため、コロナ以前から低迷しており、19年秋にはマイナス6％台だった。しかし、今年に入ってからはマイナス2～3％程度になっていたので、4月の数字はかなり大きな落ち込みだ。

同日に発表された商業動態統計（速報）では、4月の小売業販売額の対前年同月比がマイナス13・7％となった。業種別では、衣類がマイナス53・6％、自動車が23・7％、ガソリンなど燃料が同21・7％だ。業態別では、百貨店がマイナス71・5％、コンビニエンスストアがマイナス10・7％、家電量販店がマイナス9・0％減だ。

このように、4月の日本経済は、大まかにいうと売り上げが1割減った「1割減経済」になった。このような大きな落ち込みは、これまで経験したことがなかったものだ。

小売業などの営業利益率は2・5％程度

このことは、企業の営業利益に対してどのような意味を持つか？

法人企業統計調査によると、売上高営業利益率（売上高に対する営業利益の比率）は、全産業で4・26％だ（図表1－5参照）。したがって、仮に売り上げが10％減少して、売上原価や人件費が変わらなければ、営業利益はマイナスになってしまう。

売上高営業利益率は業種によって異なり、小売業、飲食サービス業、生活関連サービス業、娯楽業（集約）ではことに低く、2・5％程度でしかない。これらの業種では、営業利益の赤字幅はもっと大きくなる。

売上高営業利益率を企業規模別に見ると、資本金規模が小さい企業ほど利益率が低い（図

図表 1-5　売上高営業利益率（業種別）

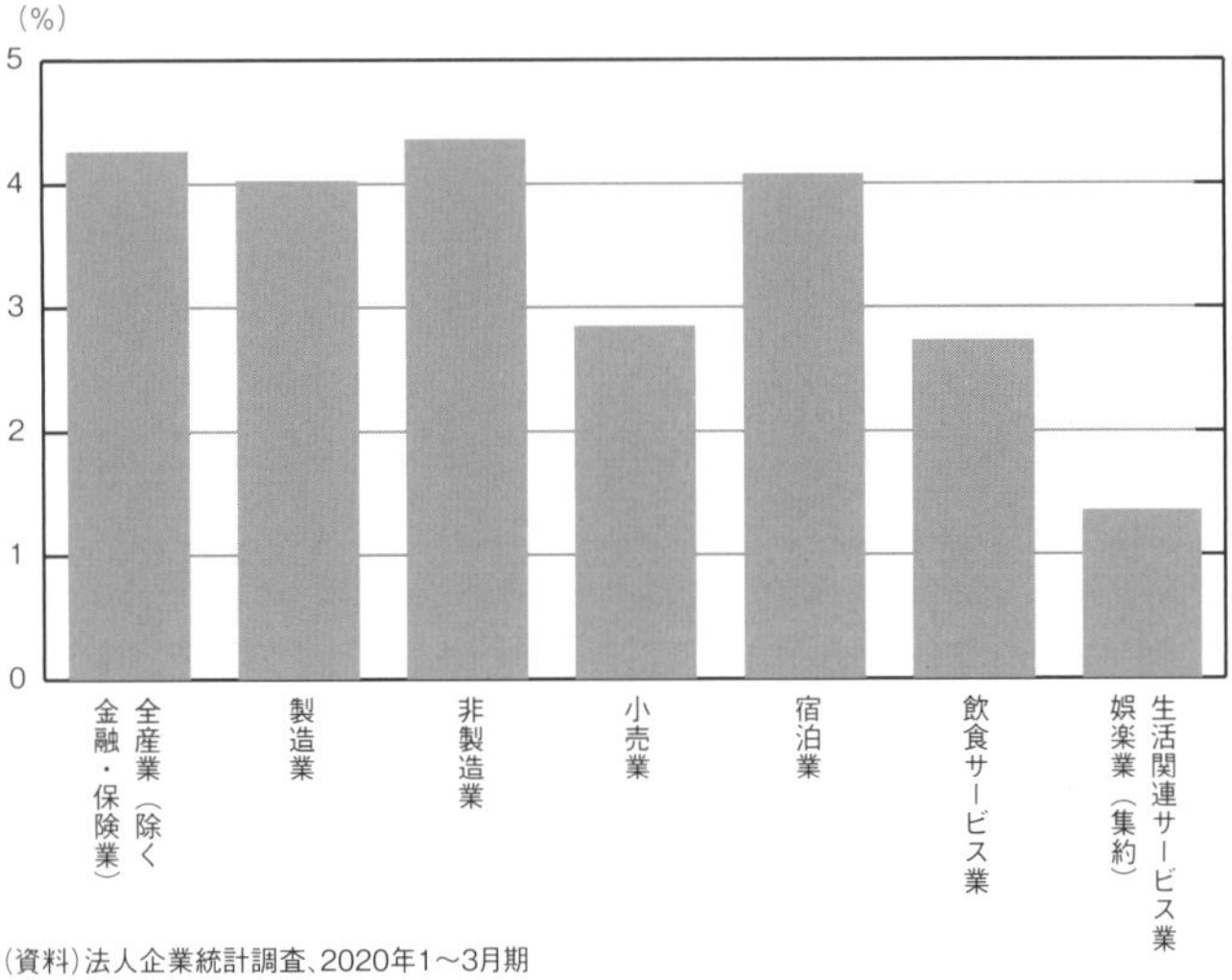

（資料）法人企業統計調査、2020年1～3月期

図表 1-6　売上高営業利益率（規模別）

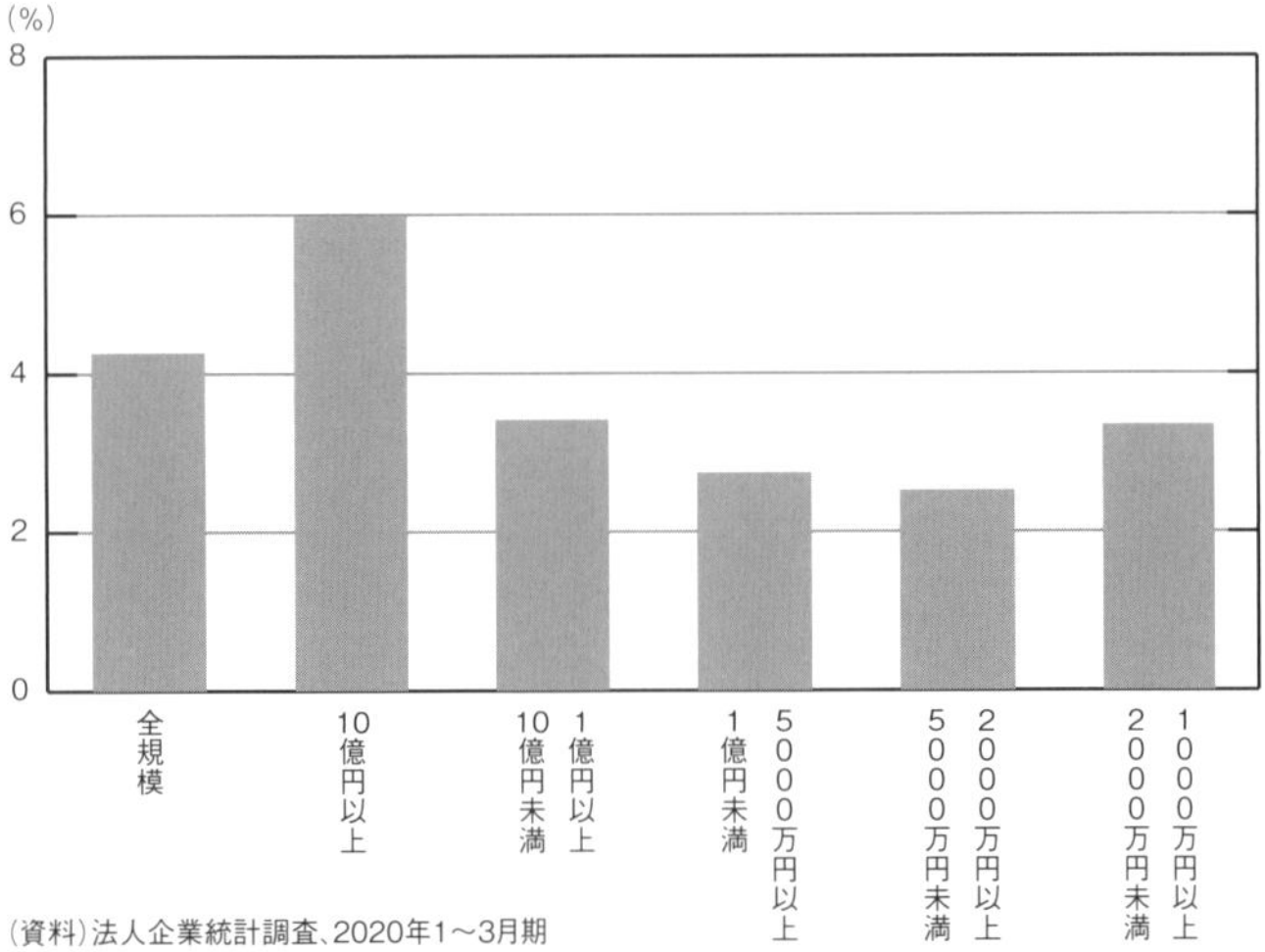

（資料）法人企業統計調査、2020年1～3月期

表1－6)。資本金10億円以上では6・0％だが、1000万円以上2000万円未満を除けば、資本金規模が小さくなるほど比率が低下し、2000万円以上5000万円未満では、2・5％になってしまう。資本金が2000万円以上5000万円未満の零細企業は、売り上げの減少によって、やはり厳しい状況に直面する。

4

4月の休業者の4割が仕事に戻ったが、雇用情勢は楽観できない

5月の鉱工業生産指数が対前年同月比マイナス24・1％

製造業の状況は5月に大きく悪化した。海外需要に影響されるので、今後の見通しも厳しい。国内需要を反映する小売業販売額は5月には回復したが、対前年同月比では依然として大きな落ち込みだ。一方、労働市場では休業者が大幅に減少した。これは一見すると顕著な改善だが、詳しく見ると状況は複雑だ。将来も楽観できない。

では、日本経済は、4月がボトムでそれ以降回復傾向にあるのか？　それとも5月にさらに

図表 1-7　鉱工業生産指数の対前年同月比

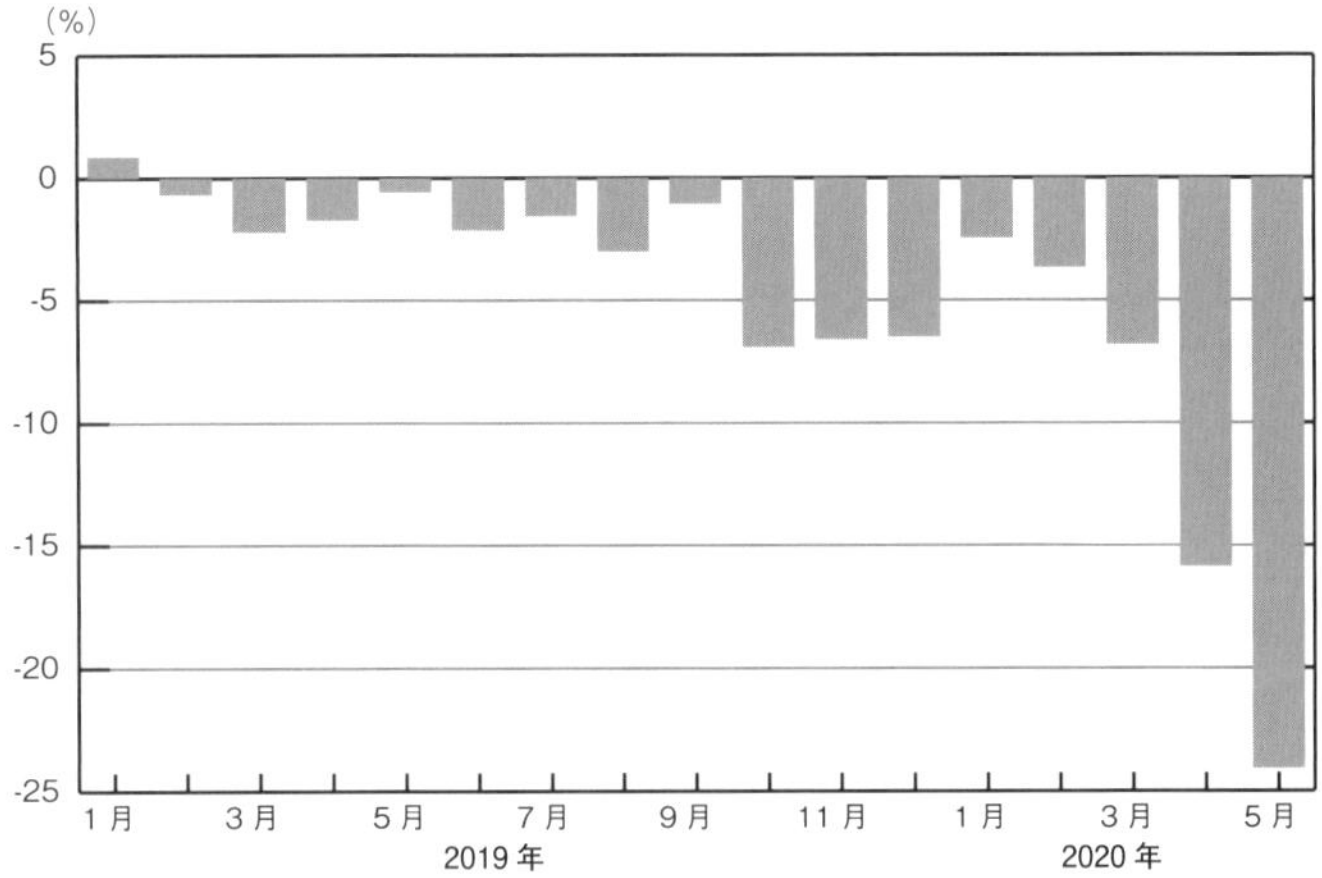

(資料)鉱工業生産指数

悪化したのか？

統計の数字はさまざまだ。

5月の鉱工業生産指数は、対前年同月比でマイナス24・1％という大きな落ち込みだ(図表1－7)。前月比は8・4％の低下。指数は79・1で、直近のピーク時(18年10月の105・6)に比べると、75・0％の水準にまで落ち込んだ。

20年4月と5月について、対前年同月比の減少率を見ると、鉄鋼・非鉄金属工業では22・3％減と33・1％減、生産用機械工業では11・5％減と25・0％減、乗用車は50・8％減と63・7％減だ。このように、減少率が増大した。

製造業(とくに自動車)は、海外の事情に大きく影響される。国内の状況が収まっても、

図表 1-8　小売業販売額の対前年同月比

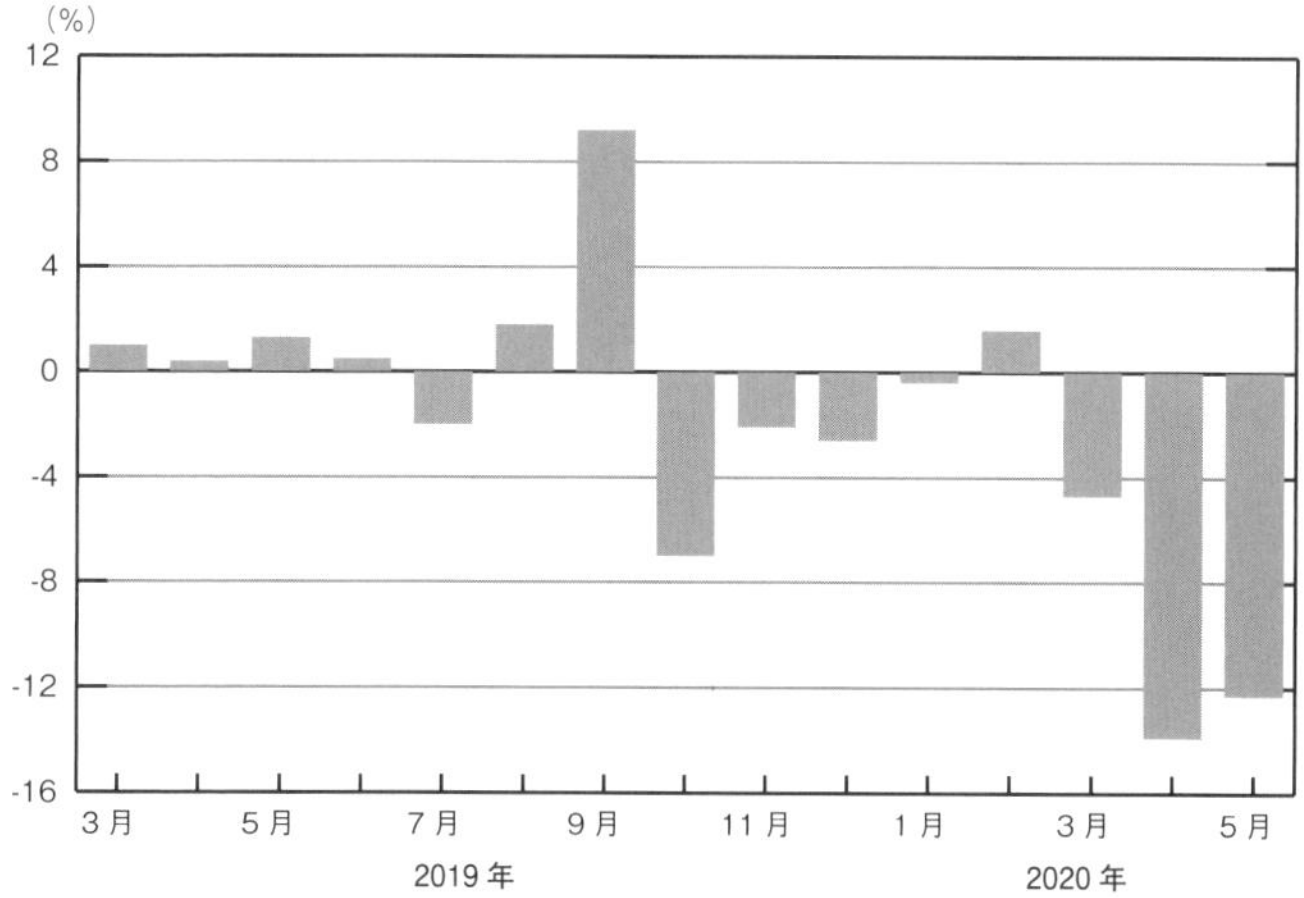

(資料)商業動態統計

海外の需要が復活しないと、国内生産も回復しない。ところが、主な輸出先の米国では新型コロナウイルスの感染が南部や西部の州で広がり、経済の状況は予断を許さない。だから、今後もフル稼働にはほど遠い状況が継続する可能性がある。

小売業販売額は5月に改善したが、対前年同月比では落ち込みが続く

国内需要の状況を示す小売業販売額は、製造業とは少し違った状況を見せている。経済産業省が2020年6月29日に発表した5月の商業動態統計速報によると、小売業販売額(全店ベース)は対前年同月比12・3％減の11兆650億円となり、3カ月連続のマイナスで過去3番目の下落幅となったものの、販

売額で見ると、4月の10兆897億円から5月の11兆650億円へと増加した。国内の需要が回復すれば、販売額はさらに回復するかもしれない。

ただし、部門によっては、厳しい状況が続いている。業種別では自動車小売（対前年同月比35・2％減）、織物・衣服（同34・3％減）、燃料（同28・6％減）などが大幅なマイナスだった。百貨店は対前年同月比64・1％減だ。

労働市場の変化は複雑で理解が容易でない

休業者は、図表1－9に示すように、4月の597万人から5月の423万人へと大幅に減少した。（注2）

では、減少した休業者は、仕事に戻ったのか？　そうであれば、事態は改善したことになる。しかし、失業したか、あるいは職探しをやめて非労働力になった可能性もある。そうであれば、事態は悪化したことになる。これらの可能性のうちどれなのかは、休業者の数字だけからは分からない。

これについては、総務省による調査がある。朝日新聞が伝えたところによると、4月下旬に休業していた人のうち、5月下旬時点で仕事に戻った人は約4割。約5割は休業したままだ。そして、失業したり職探しをやめたりした人が約7％だった。「休業者の約4割が仕事に戻っ

図表1-9 就業者等の状況

（季節調整値、単位：万人）

	2019年4月	2019年5月	2020年4月	2020年5月	対前年同月比増減 2020年4月	対前年同月比増減 2020年5月	2020年4月~5月の増減
就業者	6707	6705	6625	6629	-82	-76	4
従業者	6530	6556	6028	6206	-502	-350	178
休業者	177	149	597	423	420	274	-174
完全失業者	166	163	178	197	12	34	19
非労働力人口	4213	4216	4274	4253	61	37	-21

（資料）労働力調査

た」というのは、それだけを取り上げれば、驚くべき改善だ。

右に見たように、5月の小売業販売額は4月からは増加したとはいうものの、あまり顕著な増加率ではない。そして、対前年比では12・3％減と、依然として大きく落ち込んでいる。だから、従業者（仕事に就いている人）も対前年比で1割程度減少していても不思議ではない。なぜ4月時点での休業者の4割もが仕事に戻れたのだろうか？

また、すでに見たように、製造業の生産は、4月から5月にかけて悪化している。それにもかかわらず、製造業でも休業者は減っているのだ。これは、なぜなのだろうか？

ここには、つぎのような事情がある。総務省の調査では、4月の休業者の5割である299万人が5月にも休業したままだった。ところが、図表1－9に示すように、5月の休業者は423万人だ。これは、125万人が新たに休業者になったことを示している。

つまり、239万人（4月の休業者597万人の4割）が仕事に戻った半面で、125万人が仕事をしなくなったのだ。改善した面もあるし、悪化した面もある。差し引きでは114万人の改善でしかないといえる。

5月時点では、失業者増加は深刻な問題になっていないと考えることができる。ただし、それは、後述のように休業者が雇用調整助成金で支えられているからだ。休業者が失業予備軍であることに変わりはない。

そうした人々が5月時点で423万人もいるのだから、労働市場の今後は楽観できない。

実際、5月の完全失業者は前年同月より34万人増加して197万人であり、完全失業率は前月より0・3ポイント上昇して2・9％となった。有効求人倍率は前月より0・12ポイント低下して1・20倍となった。このように雇用情勢は悪化が進んでいる。

（注2）従業者は就業者のうち調査期間中に少しでも仕事をした者。休業者は就業者のうち調査期間中に少しも仕事をしなかった者。

雇用調整助成金でどこまで支えられるか？

休業者の多くは、雇用調整助成金で支えられている。これは、事業活動の縮小を余儀なくされた事業主が、労働者を一時的に休業させて雇用の維持を図った場合、従業員に支払った休業手当などの一部を国が助成する制度だ。制度が創設されたのは1981年だが、リーマンショック後の失業増大危機のなかで助成内容が大幅に拡充された。

今回も制度が大幅に拡充された。売り上げなどが減少した事業者が労働者を1人も解雇しなかった場合、1人当たり1日8330円を上限に休業手当、賃金などの一部を助成するこれまでの制度を大幅に拡充して、上限を1万5000円にすることにした。また、勤務先から休業手当を受け取れない労働者が、直接に給付を申請できることになった。

5月の中旬以降、雇用調整助成金の申請件数と支給決定件数は大幅に増加し、7月1日時点の累計支給申請件数は約33万件、累計支給決定件数は約21万件になった。

この制度を用いれば、過剰人員が失業者として顕在化しない。しかし、この制度は、検討を要する側面が多い。

まず、手続きが複雑なために、現場が混乱した。2020年4月20日にオンラインの申請システムが運用を始めたが、個人情報漏洩《ろうえい》などの不具合が生じた。また、フリーランサーは、雇用調整助成金の対象にならない人が多い。

さらに、経済が急速に回復するとも思えない。したがって、仕事に復帰できず、失業したり非労働力化したりする人が増えることが危惧される。雇用調整助成金でどこまで支えられるかが、今後の課題となるだろう。

第2次補正予算には、左記の支出が盛り込まれた。

・雇用調整助成金の抜本的拡充：7717億円
・新型コロナウイルス感染症対応休業支援金（仮称）の創設：5442億円

他方で、雇用調整助成金を支出する雇用保険二事業の積立金は、20年度に1・3兆円だ。これで、3、4カ月程度は支えられるだろう。しかし、助成必要期間がそれより延びれば、積立金が枯渇する恐れがある。そうなれば、保険料の引き上げが不可避になるだろう。

より本質的な問題は、実質的には失業であるものを、企業にも一部負担を負わすことによって隠蔽《いんぺい》することの是非だ。リーマンショック後には利用が増えたが、企業の体質改善を妨げた面があったことは否定できない。単なる給付でなく、就業機会を作り出すことも考えられるべきだろう。

5 GDP統計では事態の深刻さは分からない

GDPが実際に3割近く落ち込んだわけではない

2020年8月17日に発表された4~6月期の実質GDPは、前期比年率27・8%の減だった。実質前期比年率27・8%減という「戦後最悪の落ち込み」に注目が集まった。

落ち込みが戦後最悪なのは事実だが、つぎの2点に注意が必要だ。

第1に、GDPが実際に3割近く落ち込んだわけではない。

27・8%減というのは、「前期比年率」だ。これは、仮に前期比の数字が1年間続いたらどうなるかを示したもので、実際にそれだけ落ち込んだのではない。

4~6月期の実質GDPの対前期比は、7・8%だ。

平常時なら、同じ値が趨勢《すうせい》でしばらく続く場合が多いから、1年たてば、実際の年率が前期比年率とほぼ等しくなる。しかし、今回は4~6月期の落ち込みが激しく、この落ち込み率が趨勢で続くわけではない。その意味では、ミスリーディングだ。

仮に、4~6月期の水準が今後も続くとすれば（つまり、GDPの値がL字型で推移するとすれば）、日本経済は通常の状態より7~8％程度縮小した状態で推移することになる。あえていえば、「わずか」7~8％だ。3割減の状態で推移するのではない。この意味では、「3割近い減だから大変だ」と騒ぐのは間違いだということになる。

海外と比べると、どうだろうか？

アメリカ商務省が7月30日に発表したアメリカの20年4~6月期の実質GDP成長率は、前期比年率マイナス32・9％だった。日本は、これに比べると、減少率は低い。

またヨーロッパでは、4~6月期のGDPの前期比は、つぎのとおりだ。

イギリスが20・4％減。ドイツが10・1％減。フランスは13・8％減。スペインは18・5％減。イギリスの場合、年率に換算すれば59・8％減だ。

これらに比べれば、「日本の落ち込みはかなり小さい」と評価してもよいだろう。

ただし、「だから、日本ではあまり大きな問題がない」ということにはならない。

これについて、以下に述べよう。

GDPは平均的な姿しか示していない

GDPの数字を見る際に注意すべき第2点は、「GDPは平均的な姿しか示していない」ということだ。平均より遙かに大きな落ち込みに直面している部門があり、ここでは深刻な事態が生じている。しかし、これは全体としてのGDPの数字からは分からない。

本章の1で述べたように、家計調査の統計で消費支出を費目別に見ると、極めて大きな差が見られるのである。

旅行、外食、イベント関係などでは、全体よりずっと大きな落ち込みだ。こうした分野の事業の売り上げは、7～8%減どころか、5割減、9割減にもなっている。そして、これらの関係者は、収入が激減している。

今回のGDP統計でも、詳しく見ると、そうしたことが分かる。以下に、具体的な例を3つ挙げよう（計数はいずれも4～6月期のもの）。

（1）サービスの落ち込みが激しい。

「形態別国内家計最終消費支出及び財貨・サービス別の輸出入」によると、実質国内家計最終消費支出（季節調整済み）の前期比は、8・9%減だ。

ところが、その中身を見ると、「非耐久財」は対前期比3・3%減でしかないのに対して、「サービス」は12・7%減となっており、かなり大きな差がある。

事態が深刻なのは、サービスの供給者なのである。ところが、GDPには消費全体の姿しか反映されていない。

（2）外国人観光客激減の影響がＧＤＰに影響していない。

外国人観光客の日本国内での購入（「輸出」に含まれる）は、前期比81・2％減という著しい減少で、観光地の商店や百貨店などに甚大な影響を与えている。

しかし、日本人旅行客の海外での購入（「輸入」に含まれる）の78・3％減で相殺されるので、全体としてのＧＤＰには大きな影響を与えていない。

（3）名目国民総所得（ＧＮＩ、原系列）は対前期比で8・5％落ち込んだが、雇用者報酬は2・7％減にとどまっている。事業者やフリーランサーの所得が大きく落ち込み、雇用者が企業によって守られているのだ。

しかし、これも全体としてのＧＤＰの数字からは分からない。

現在の日本経済は、極めて困難な状態にある。しかし、すべての人が同じような度合いで苦しんでいるのではない。立場によって事情は大きく異なるのだ。

事態が極めて深刻な部門がある。しかし、ＧＤＰ統計では、こうした深刻さは分からない。

「L字型で推移すれば日本経済は7～8％の減で済む」と先に述べた。しかし、「だから、特別の対策をしなくてもよい」ということにはならないのだ。全体としては7～8％の減でも、ある部分では収入はもっと落ち込んでいる。

政府の支援は、こうした部門に集中してなされるべきだ。

V字回復は難しい

日本の経済活動は、4、5月をボトムに回復している。

家計調査で見ると、6月の消費支出（実質、2人以上の世帯、季節調整値）は、5月に比べて13・0％の増となった。対前年同月比では、マイナス1・2％だ。

6月の鉱工業生産指数の速報値は、80・8（2015年＝100）となり、5月を2・7％上回った。これは、生産調整を強いられていた自動車の持ち直しによるところが大きい。

ただし、前年同月比はマイナス17・7％だ。5月のマイナス26・3％に比べれば改善しているとはいえ、指数の水準はまだかなり低い。

では、将来はどうなるだろうか？

まず、6月の消費支出が増えた原因の1つは、特別定額給付金だ。これは1回限りのものなので、今後も続くわけではない。

しかも、新型コロナウイルスの感染が拡大しているので、行動規制や営業自粛が再び求められる可能性がある。

そうなれば、4～6月期に比べて、消費が今後急回復するとは考えにくい。場合によっては、4～6月期に比べてさらに落ち込み、GDPも落ち込む可能性がある。

さらに、第2章の4で指摘するように、企業の売上高縮小の連鎖が起こる可能性がある。その結果、売り上げ減は、経済全体に広がることになる。

「売り上げ3割減」というような状況は一部の業種の問題であり、日本経済が全体として3割近く縮小してしまったわけではない。しかし、売り上げ減の連鎖が生じると、日本経済全体が2割減あるいは3割減になってしまうのだ。

こうした事情を考えると、V字回復は難しいと考えざるをえない。

中国経済はV字回復に向かっている

2020年7月16日に発表された20年4～6月の中国の実質GDP成長率は、前年同期比で3・2%だった。第1四半期には、同マイナス6・8%と統計開始以降で最大の落ち込みだったが、早くもプラスに転じたのだ。

7月も経済の回復が続いた。7月の工業生産は、前年同月比4・8%増だった(6月も4・

8％増だった)。

このように、中国は予想を上回ってV字回復に向かっている。

他方で、アメリカをはじめとする自由主義国の経済は、大きく傷つき、容易に回復しない。

今年の初め頃には、新型コロナの感染によって、中国だけが影響を受け、世界経済に与える影響は軽微と考えられていた。しかし、実際には正反対になってしまった。

コロナ後の世界経済の構造は、これまでとは大きく違うものになると考えざるをえない。

第2章

日本経済が受けた打撃〈2〉激減した企業利益

1 企業利益が34%減

営業利益は33・9%の大幅減少

法人企業統計調査からは、コロナ禍による営業自粛などで、日本企業が経済活動の落ち込みにどのように対処しているかを知るための極めて貴重なデータが得られる。以下では、売上高、利益、人件費などの動向を中心に見ていこう。なお、本節で述べるのは、速報のデータである。7月に発表された確報のデータについては、本章の4で論じる。

2020年1〜3月期における全産業の売上高は、前年同期比で372・5兆円から359・6兆円へと13・0兆円減少（率では3・5%減少）した（図表2－1）。

これに対して、企業は売上原価を286・0兆円から280・2兆円へと5・8兆円削減し（率では2・0%減）、販売費及び一般管理費を67・0兆円から66・4兆円へと5965億円削減した（率では0・9%減）。

それにもかかわらず、営業利益は19・5兆円から12・9兆円へと6・6兆円減少（率では

33・9％減）した。(注1)売上高営業利益率は、5・2％から3・6％に低下した。経常利益は、22・2兆円から15・1兆円へと7・1兆円減少した（率では32・0％減）。また、人件費は44・4兆円から44・2兆円へと、2261億円の減少（率では0・5％減）だ。

（注1）「売上原価＋販売費及び一般管理費＋営業利益＝売上高」の関係がある。

人件費を圧縮できないため営業利益が減った

仮に、売上原価と販売費及び一般管理費が、売上高の減少率と同じに3・5％減少すれば、全体が比例的に減少するのだから、営業利益の減少率も3・5％となり、売上高営業利益率も5・2％のままだったろう。しかし、実際には、売上原価はかなり圧縮したものの、販売費及び一般管理費や人件費計があまり圧縮されないため、営業利益が減ったのだ。(注2)

このように、人件費が弾力的に動かないので、営業利益の変動率は売上高の変動率より大きくなる。ここ数年は、売上高のわずかな増加で、営業利益が大幅に伸びてきた。それは、人件費が売上高の増加率ほどには増えなかったからだ。いまは、それが逆回転し、売上高の減少で営業利益が大きく減少している。

（注2）人件費は、売上原価にも販売費にも含まれる。人件費は、従業員給与より広い概念。

宿泊や飲食、生活関連業種などサービス業の一部は赤字に

以上で見たのは全産業の動向だが、つぎにこれを業種別に見よう（図表2－2）。

前年同月からの売上高の変化率を見ると、製造業ではプラス2・9％となっている。それに対して非製造業ではマイナス5・9％だ。このように、少なくとも1～3月期では、売り上げ減は製造業でなく非製造業で生じている。

非製造業の内訳を見ると、小売業がマイナス1・8％と比較的軽微な落ち込みだったのに対して、サービス業（集約）がマイナス17・5％と落ち込みが激しい。中でも、生活関連サービス業の落ち込みがマイナス20・8％と大きい。

つぎに営業利益を見ると、宿泊業、飲食サービス業、生活関連サービス業(注3)では、2019年1～3月期には黒字だったが、20年1～3月期には赤字になった。

その他の業種では、営業利益が減少はしたものの、黒

e	f	g	d／a
経常利益	人員計	人件費計	売上高営業利益率（%）
22,244,018	36,301,972	44,431,536	5.23
15,135,996	35,511,433	44,205,390	3.58
-31.95	-2.18	-0.51	
-7,108,022	-790,539	-226,146	

図表2-1 売上高や利益の変化

	a	b	c	d
	売上高	売上原価	販売費及び一般管理費	営業利益
2019年1～3月	372,520,353	286,021,339	67,001,155	19,497,859
2020年1～3月	359,557,207	280,267,154	66,404,646	12,885,407
対前年変化率（%）	-3.48	-2.01	-0.89	-33.91
対前年変化額	-12,963,146	-5,754,185	-596,509	-6,612,452

（注）2020年1～3月期、全産業。人員計と利益率を除いて単位は百万円。対前年変化率（額）は、2019年と20年の1～3月期の比較。
（資料）法人企業統計調査より著者作成

字を保っている。ただし、医療・福祉業を除いては、図表2－2に掲げるすべての業種で、営業利益が大幅な減少となっている。

（注3）「生活関連サービス業」の内容は、つぎのとおり。洗濯業、理容業、美容業、一般公衆浴場業、その他の公衆浴場業、その他の洗濯・理容・美容・浴場業、旅行業、家事サービス業、衣服裁縫修理業、物品預り業、火葬・墓地管理業、冠婚葬祭業、他に分類されない生活関連サービス業。

人件費にはまだ手がつけられていない

つぎに、人員計と人件費計の前年からの変化率を見よう。人員計は2・18％の減、人件費計は0・51％の減にとどまる。このように、人件費にはまだほとんど手がつけられていない。

製造業では、売り上げが増加したこともあって、人件費計が6・61％の増加だ。非製造業では人件費計は

3・54％の減となっているが、売上高の減少率5・93％よりはずっと低い。

サービス業（集約）では、売り上げ減17・5％に対応して、人件費が7・83％減った。ここでも、売り上げ減より人件費減の率は低い。

非製造業を業種別に見ると、生活関連サービス業でマイナス20・8％、娯楽業でマイナス7・8％、その他のサービス業でマイナス11・0％と急激な売り上げ減が生じているにもかかわらず、人件費減は緩やかだ。これらの業界では、休業者が急増しているのだろう。

なお、宿泊業、飲食サービス業では、売り上げ減にもかかわらず、人員が増えている。その理由ははっきりしない。


（単位:%）

経常利益	人員計	人件費計
-31.95	-2.18	-0.51
-29.48	4.56	6.61
-32.91	-4.41	-3.54
-3.96	-4.74	0.15
-59.60	-5.38	-7.83
-1201.21	30.31	18.78
-234.66	7.71	8.77
-261.60	-6.04	-1.08
-78.41	2.54	-0.96
26.72	-25.97	-21.80
-29.54	-0.47	-3.91

4〜6月期は売上高や利益がさらに悪化

売上高や利益は、4〜6月期にはもっと悪化するだろう。

4月の鉱工業生産指数（季節調整済み）速報値は、対前月比がマイナス9・1％となった。商業動態統計

図表2-2　売上高などの変化率（業種別）

	売上高	売上原価	販売費及び一般管理費	営業利益
全産業（除く金融・保険業）	-3.48	-2.01	-0.89	-33.91
製造業	2.86	4.20	5.29	-32.26
非製造業	-5.93	-4.56	-2.89	-34.38
小売業	-1.80	-1.86	0.08	-14.41
サービス業（集約）	-17.48	-13.51	-7.96	-59.48
宿泊業	-14.02	-21.59	8.67	-9337.02
飲食サービス業	-7.40	-7.60	0.33	-242.41
生活関連サービス業	-20.84	-20.64	-13.42	-369.15
娯楽業	-7.77	-3.56	-10.96	-75.36
医療・福祉業	1.38	-2.45	8.50	0.69
その他のサービス業	-10.97	-9.87	-8.62	-29.69

（注）変化率は、2019年と20年1～3月期の比較。
（資料）法人企業統計調査より著者作成

（速報）では、4月の小売業販売額の対前年同月比がマイナス13・7％になった。

「1割減経済」は、4月の鉱工業生産指数や小売業販売額から、ありえる数字だ。

これに対して人件費を削減できなければ、営業利益はマイナスになる可能性が高い。労働力調査によると、2020年4月にはまだ失業者になっておらず、休業者である。しかし、今後どうなるかはわからない。

もっと先の将来がどうなるか？　現状で確たることをいうのは難しいが、企業の売上高は、長期にわたって低迷する可能性がある。少なくともワクチンがすべての人に与えられるようにならなければ、安心して経済再開はできない。

1割減経済が日本経済全般に広がれば、現在600万人いる休業者が失業者になるだろう。

2 貿易落ち込みの原因はサプライチェーン分断でなく、需要の激減

米国向け中心に自動車輸出が64・1%減

日本の輸出は激減している。とくに自動車の輸出が大きく減少し、これによって国内の自動車生産が落ち込んでいる。その半面で、PC（パソコン）などの生産は増加した。

貿易落ち込みの原因は国内需要の減少であり、サプライチェーンの分断ではない。2020年2月には中国からの輸入が激減したが、回復した。国際的水平分業は続くだろう。この状況を以下に見よう。

6月26日に発表された5月の貿易統計（輸出確報、輸入速報）は、コロナが日本経済にどのような影響を与えたかをはっきり示している。

まず、全体の輸出額は対前年同月比で28・3％減となった。これは、リーマンショック後の09年9月（30・6％減）以来の下げ幅だ。

20年3月における日本の輸出は6兆3581億円だったが、4月に5兆2060億円となり、5月に4兆1856億円となった。つまり、この間に輸出額が3分の1ほど減ったことになる。

とくに大きな落ち込みだったのは、輸送用機器だ。図表2－3に示すように、減少率は60・2％、寄与度は14％減となっており、全体の落ち込みのほぼ半分だ。その中でも、自動車の落ち込み（64・1％減）が大きい。

主要国・地域別の輸出総額は、アメリカ向けが50・6％減、欧州連合（EU）向けが33・8％減、アジア向けが12・0％減だ。中国向けは1・9％減で、減少幅は前月（4・0％減）から縮小した。なお、アメリカ向けの乗用車は79・2％減だった。

乗用車国内生産は50・8％減だが、在宅勤務でPC生産は増加

輸出の落ち込みは、国内生産に影響を与えている。4月の鉱工業生産指数で、全体指数の対前年同月比は、マイナス15・9％だ。

この中で、乗用車はマイナス50・8％となっている。つまり、アメリカの自動車需要減↓日本の自動車輸出減↓日本の自動車生産減という構図になっている。日本国内での営業自粛等に

図表2-3　主要商品別輸出（世界、2020年5月）

（単位：百万円、%）

品名	数量伸び率	価額	構成比	伸び率	増減寄与度
総額		4,185,622	100.0	-28.3	-28.3
・化学製品		616,143	14.7	-7.0	-0.8
・原料別製品		521,518	12.5	-23.8	-2.8
うち鉄鋼	-17.5	196,416	4.7	-27.6	-1.3
・一般機械		873,253	20.9	-23.2	-4.5
うち原動機	-42.0	122,997	2.9	-39.7	-1.4
うち半導体等製造装置	-3.2	182,427	4.4	12.4	0.3
・電気機器		850,901	20.3	-13.7	-2.3
うち半導体等電子部品		304,439	7.3	-1.5	-0.1
・輸送用機器		541,655	12.9	-60.2	-14.0
うち自動車	-62.1	320,202	7.7	-64.1	-9.8
（乗用車）	-63.1	274,374	6.6	-65.4	-8.9

（注）「伸び率」は対前年伸び率（%）を示す。「増減寄与度」は前年に対する増減寄与度。
（資料）貿易統計

よる需要減少は主として対人サービス業に大きな影響を与えているのだが、日本の基幹産業である自動車産業も、輸出の減少を通じて大きな影響を受けていることが分かる。

トヨタ自動車は、２０２０年５月12日、21年３月期の連結業績について、営業利益が前期比79・５％減の５０００億円に落ち込むとの見通しを発表した。豊田章男社長は、「コロナショックはリーマンショックよりもインパクトがはるかに大きい」「リーマンショック時よりも販売台数は落ち込むが、なんとか黒字を確保できる」と述べた。

リーマンショック時の09年3月期には、世界販売は前年から約110万台減少し、4610億円の営業赤字となった。世界販売の落ち込みは、今期は155・7万台。ただし、4月を大底に、年末にかけて回復するとしている。

リーマンショックに先立つ2000年代中頃には、アメリカで証券化商品のバブルが生じた。それがアメリカ国内における自動車の需要を異常に増加させたが、バブルが破綻して自動車の需要が激減したのだ。このときは、異常な状態が崩壊して正常に戻ったのだから、需要は容易に回復しなかった。

今回は、いまが異常事態だ。経済活動が再開され、国内需要が復活すれば回復する。その意味では一時的なものだ。ただし、「一時的」といっても、コロナ感染拡大が抑えられず経済再開が遅れれば、20年だけでは終わらない可能性もある。アメリカのテキサス州やフロリダ州で営業規制が再強化されることなどを考慮すると、楽観できない。

自動車の生産がこのように激減している半面で、「電子デバイス」の生産指数は、対前年比17・0%増と、大幅な増加になっている。在宅勤務の急増でPCに対する需要が急増したためだろう。

図表2-4 主要商品別輸入(世界、2020年5月)

(単位:百万円、%)

品名	数量伸び率	価額	構成比	伸び率	増減寄与度
総額		5,023,840	100.0	-26.2	-26.2
・食料品		543,202	10.8	-12.3	-1.1
・原料品		339,046	6.7	-25.8	-1.7
・鉱物性燃料		621,169	12.4	-57.2	-12.2
うち原油及び粗油	-36.0	158,907	3.2	-78.9	-8.8
うち石油製品		62,642	1.2	-53.5	-1.1
うち液化天然ガス	-17.7	240,376	4.8	-21.0	-0.9
・化学製品		649,721	12.9	-6.1	-0.6
・原料別製品		624,949	12.4	-3.6	-0.3
・一般機械		597,307	11.9	-12.5	-1.3
・電気機器		829,011	16.5	-17.2	-2.5
・輸送用機器		165,838	3.3	-55.8	-3.1
自動車	-48.9	72,993	1.5	-49.5	-1.1
自動車の部品		38,064	0.8	-50.8	-0.6
・その他		653,596	13.0	-25.3	-3.2
うち衣類・同付属品		146,246	2.9	-32.5	-1.0

(注)「伸び率」は対前年伸び率(%)を示す。「増減寄与度」は前年に対する増減寄与度。
(資料)貿易統計

輸入が減ったのは原油輸入が激減したため

2020年5月の貿易統計で注目すべきは、輸入が減ったことだ。全体の輸入額は26・2%減の5兆238億円で、09年10月の35・5%減以来の下げ幅になった。

輸入がこのように落ち込んだ原因は何だろうか？　政府の緊急事態宣言を受けて国内消費が落ち込んだためか？　つまり、輸入の需要が落ち込んだのか？　それとも、サプライチェーンの破損で部品が輸入できなくなったからか？　つまり、輸入の需要はあるのに輸入できなかったのか？

このいずれであるかを知るため、品目別の内訳を見よう（図表2－4）。鉱物性燃料の寄与度はマイナス12・2％であり、輸入減少率26・2％のほぼ半分を占める。しかも、原油の数量減少率が36％だ。発電用燃料の液化天然ガスが17・7％減だから、それよりずっと大きな落ち込みだ。これは、日本国内でのガソリンの販売量が減少したためだろう。

それを確かめるために、4月の商業動態統計速報を見ると、全店ベースの小売業販売額が前年比13・7％減であるのに対して、ガソリンなど燃料が21・7％減と大幅に減少している。行動が制限されたために、このような結果となったのだ。

このように、輸出入いずれに対しても、自動車に関連する要因が大きな影響を与えていることが分かる。

グローバル・バリューチェーンの「分断」で世界貿易は13・4％の落ち込み

2020年6月の世界銀行の報告では、グローバル・バリューチェーン（GVC）への影響の分析が示されている（報告書45ページ、Retreat from global value chains)。

グローバル・バリューチェーンとは、製造業の国際分業のことだ。生産プロセスを工程・タスク単位で分割し、立地条件の異なる地域に分散させ、それを緊密なサービスリンクで接続することで、コスト削減、規模の経済を実現する。付加価値の高い企画・開発、部品製造などを先進国で行ない、組み立てを労働コストの低い新興国・開発途上国で行なうケースが一般的だ。在庫を減らし、生産性を向上させることによって、世界的にジャスト・イン・タイムが構築されていた。

ところが、コロナ感染拡大は、GVCに暗い影を投げかけた。世銀報告は、20年の世界の貿易量が前年比13・4％も落ち込むと分析している。国際的なサプライチェーンの傷痕は極めて大きい。失業者を労働市場に戻すには、追加対策も必要になる。

グローバル・バリューチェーンの混乱やそれからの脱退は、新型コロナウイルスが貿易や生産活動、金融市場に与えるショックを増幅させる恐れがある。実際、国境閉鎖、検疫など検査のコスト増大、輸送費用の増加などによって、「貿易コスト」が増加した。

6月のOECD報告も、新型コロナ危機で深まる世界経済の分断化を指摘している（The consequences of the contraction in international trade)。

外国で生産される付加価値が全付加価値の50％を超える。とくに、自動車や電気製品で比率が高い。中間財の輸入が10％増えると、労働生産性を2％上昇させ、1人当たり所得を11〜14％上昇させる効果がある。しかし、今年の初め、中国の武漢周辺の工場閉鎖で大きな影響があった。

WTO（世界貿易機関）は、20年4月時点で、20年の世界のモノの貿易量は対前年比で最大32％減ると予測している。5月20日に発表した4～6月の世界の財の貿易指数は87・6で、16年の算出開始以来の過去最低となった。自動車生産が79・7と最も低い。世界各国で工場の稼働停止を余儀なくされたためだ。

この問題を今後どのように克服していくかが大きな課題だ。

中国からの輸入は2月を底に回復、サプライチェーンは復旧した

中国で新型コロナウイルスの感染が拡大していた2020年2月頃、「世界の工場」である中国の工場の生産が停止し、中国からの部品調達ができなくなった。

実際、2月の貿易統計では、中国からの輸入が、前年同月より47・1％も減少した（図表2－5）。電子部品、PC、衣類、そして食品に至るまで、ほぼすべての輸入品が前年を大きく下回った。2月下旬以降は徐々に製造を再開したが、日中間の航空便が減り、製造できても運べない状況が続いた。

このため、日本国内の工場で生産がままならない状況になった。日産自動車九州（福岡県苅田町）は、2月に3日間、生産ラインの一部、もしくはすべてを停止した。

図表 2-5 中国からの輸入額

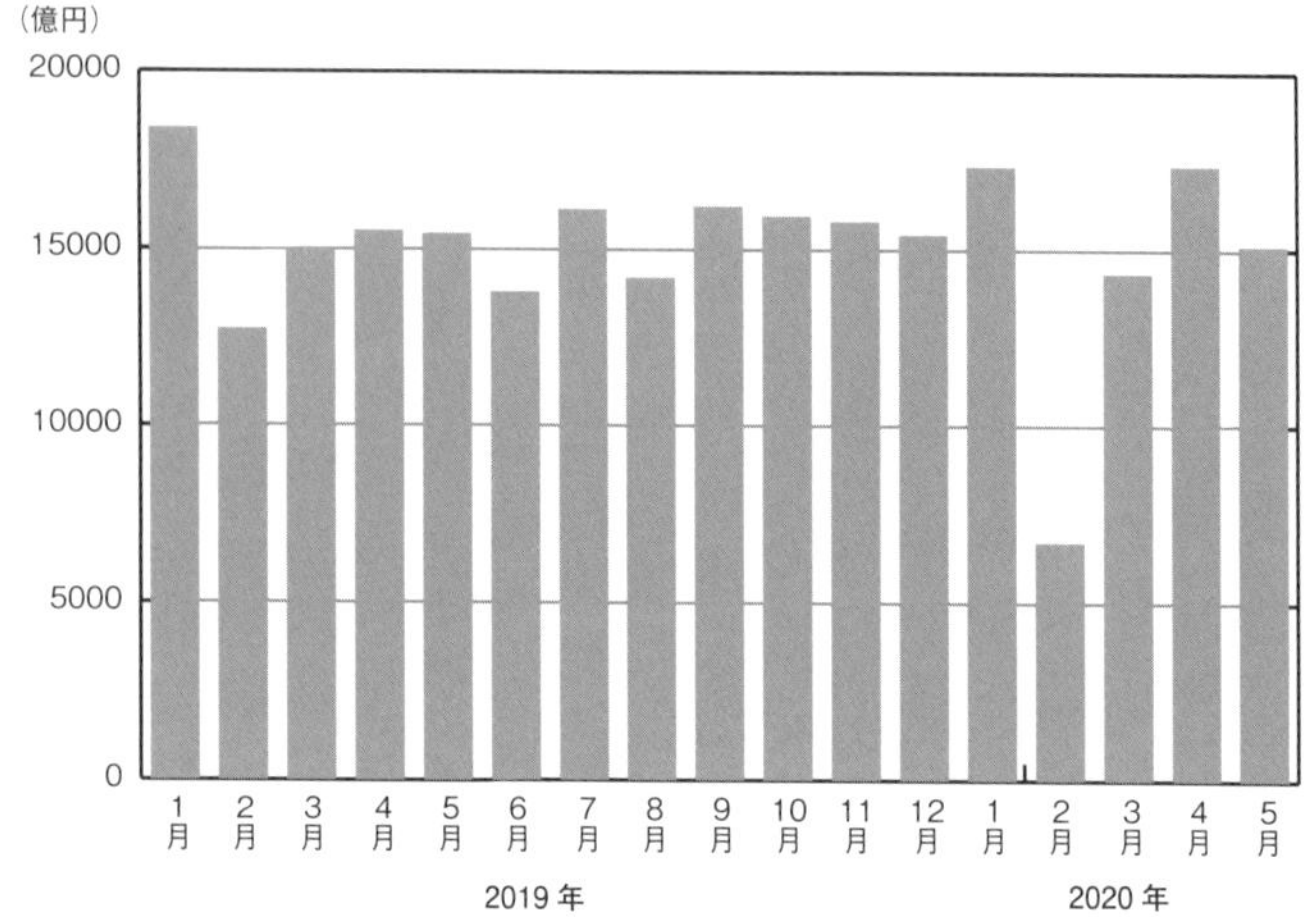

（資料）貿易統計

しかし、その後、中国からの輸入は回復した。自動車部品の輸入が減っているのは事実だが、6月の寄与度はマイナス0・5％であり、それほど大きくない。

日本の輸入が減っているのは、量的にいえば、サプライチェーンが分断したためではなく、日本国内の需要減が大きな原因だ。つまり世界貿易においても、供給面でなく需要面の影響が大きい。

国際的な水平分業は継続する

東日本大震災のときにはサプライチェーンの分断が起きた。そのときといまとは事情が違う。長期的には、世界的な水平分業は続くだろう。

マスクの生産を中国に依存していたために

マスク不足が一時深刻化したことから、生産の国内回帰を進めるべきだとする意見が見られた。

マスクについて問題が生じたのは事実だが、これは異常な事態が突然生じたことによるものだ。そのことをもって国際分業を否定するのはおかしなことだ（なお、マスクの品不足は急速に解消し、6月に入ってからは東京中心部のコンビニエンスストアでも店舗に大量の商品が並ぶようになった）。

自国生産は生産性を下げる。これから考えても、積極的に水平分業を進めるべきだ。

ただし、米中貿易戦争が復活して、高関税の掛け合いが復活するような事態はあるかもしれない。その場合には、中国以外に生産拠点が移ることもありうるだろう。

3　トヨタは黒字維持だが他のメーカーは？

自動車輸出は前年比半減、国内販売2割減

2020年7月20日に発表された6月の貿易統計（速報）で、自動車関係の輸出の大幅な落

図表 2-6 乗用車の国内販売の対前年増加率 (%)

	普通	小型	軽四輪	小計
2020年01月	-10.8	-12.2	-13.1	-12.1
2020年02月	-14.9	-5.4	-8.2	-9.8
2020年03月	-17.4	0.2	-6.8	-8.9
2020年04月	-37.7	-15.7	-35.4	-30.4
2020年05月	-50.0	-31.4	-55.9	-46.7
2020年06月	-29.9	-22.4	-14.4	-22.6

（資料）日本自動車工業会

ち込みが続いていることが分かった。対前年比で、自動車が49・9％減、自動車部品が52・3％減と、ほぼ半減の状態だ。対米の自動車輸出は63・3％の減だ。

日本国内でも、自動車の販売が大きく落ち込んでいる。日本自動車工業会の資料によると、日本国内の乗用車の販売台数の対前年同月比は、20年4月にはマイナス30・4％となった（図表2－6）。

5月には、下落率が46・7％にまで拡大した。内訳を見ると、普通が50・0％、小型が31・4％、軽四輪が55・9％の下落率だった。

6月には下落率が縮小したが、それでも乗用車全体の下落率は22・6％だ。

自動車メーカー8社が発表した4月の生産・販売・輸出実績によると、8社合計の世界生産台数は、前年同月比60・9％減の91・6万台だった。

5月は、61・8％減の91・7万台だった。4月に比べて、ほとんど変化していない。

各社別に見ると、トヨタが54・4％減、日産が62・6％減、ホンダが51・8％減、三菱自動車が77・3％減などとなっている。

トヨタの全世界生産は7割水準、中国は回復するが中南米は深刻

今後はどうなるだろうか？

これについては、トヨタ自動車が、国・地域別の詳細な見通しを公表している。(注4)

2020年の販売や生産の予測は、図表2－7のとおりだ。

19年に比べて、全世界で販売は77・7％の水準に落ち込み、生産は70・5％の水準に落ち込むと予測される。

日本国内の販売は87・1％の水準に落ち込み、生産が76・5％の水準に落ち込むのに対して、海外では販売が75・7％の水準に落ち込み、生産が66・7％の水準に落ち込むので、日本に比べて海外の落ち込みのほうが、販売、生産ともに大きい。

落ち込みがとくに激しいのが中南米だ。販売は58・0％の水準に落ち込み、生産は44・4％の水準と、半分以下になる。これは、新型コロナウイルス感染の広がりが深刻だからだ。

それに対して、中国の場合、販売が92・2％になり、生産が91・5％にとどまる。つまり、

図表 2-7 トヨタ(含むレクサス)の主要地域・国別 販売・生産

	販売	生産
北米	76.6	58.2
うち米国	78.5	55.9
中南米	58.0	44.4
欧州	70.6	66.9
アジア	77.6	76.9
うち中国	92.2	91.5
日本	87.1	76.5
オセアニア	87.7	−
中近東	80.6	−
アフリカ	71.5	51.2
世界	77.7	70.5
海外	75.7	66.7

(注)2021年の見通し、対前年比(%)
(資料)トヨタ自動車

影響はそれほど大きくない。中国はコロナウイルスの封じ込めにほぼ成功したと考えられるからだ。

2020年2月、3月頃には、中国の工場が操業停止に追い込まれ、それが深刻な問題になると考えられたが、その心配は薄らいだことになる。

アメリカの場合、販売は78・5%の水準に落ち込む。世界全体より落ち込みが少し大きい。生産は55・9%の水準にまで落ち込む。これは、世界全体の平均よりかなり大きい。

以上をまとめると、つぎのとおりだ。

日本の乗用車メーカーの世界生産台数は、20年4月、5月時点では、前年の6割減だ。国内の需要は回復しているが、アメリカをはじめとして海外の需要が回復していない。このため、輸出が前年より半減している。

今後は回復することが期待されるが、20年を通じて、トヨタでも世界販売が2割以上減になる。他のメーカーはもっと厳しい状況に直面する可能性が高い。

（注4）なお、トヨタの2020年3月期決算説明会の資料では、連結販売台数が、20年4月〜21年3月が700万台で、19年4月〜20年3月の896万台に対して21・9%減であるとしている（同資料、12ページ）。また、グループの世界販売台数の見通しは、19年4月〜20年3月の1045万台より約15%減って890万台になるとしている。

トヨタの営業利益は8割減だが、他社は赤字の可能性が大

トヨタ自動車は、2021年3月期の営業利益が79・5%減の5000億円になるという見通しを発表している。

右に見たように販売は2割強の落ち込みなのだが、すべての費用を2割削減することはできないために、営業利益の落ち込み率は、2割よりずっと大きなものになるのだ。

トヨタが販売2割減に直面するのなら、他の自動車メーカーもそれと同様の（あるいは、もっと厳しい）状況に直面するに違いない。

21年度の営業利益の見通しは、以下のとおりだ。ホンダは68・4％減の2000億円。日産自動車は4700億円の赤字。三菱自動車は1400億円の赤字。

自動車産業は、いまこのように危機的な状況にある。

ドル安・円高が進んだ

ドル円レートは、2020年1月頃には、1ドル＝110円程度だった。コロナ感染が拡大し始めた3月初めに、105円程度までの急激な円高が生じた。これはすぐ元に戻ったが、その後、傾向的な円高が始まり、5月初めに106円程度になった。これも戻して6月初めに107円程度となったが、その後は8月にいたるまで傾向的な円高が続いている。8月初めには105円程度だ。

ドル安の原因は、明らかにアメリカの金利低下だ。アメリカ10年国債利回りの推移を見ると、20年1月中旬頃までは1・8％程度であったものが、8月には0・6％程度にまで低下した。8月4日には0・5％程度と5カ月ぶりの低水準となった。5年債利回りは過去最低を更新した。

これは、連邦準備制度理事会（FRB）が、金融政策の方向を大転換し、利下げに踏み切ったからだ。3月15日、緊急の公開市場委員会（FOMC）で、短期金利の誘導目標であるフェデラルファンド（FF）金利を、それまでの1・00〜1・25％から0・00〜0・25％に1・0

ポイント引き下げた。利下げは、3月3日（0・50ポイントの引き下げ）に続くもので、20年で2回目だった。

3月23日には、FRBは大型経済支援策の第2弾を発表した。

わずか1週間ほど前（15日）に量的金融緩和の再開を決め、当面の米国債の買い入れは5000億ドルとしていたが、これを「必要なだけ」無制限で購入するとした（第5章の1参照）。

新型コロナウイルスによる経済停滞に対処するため巨額の財政支出がなされ、それをファイナンスするために巨額の国債が発行されたのだが、これによる金利上昇を防ぐことが目的だ。

この結果、アメリカの長期金利が低下したのだ。

これに対して、日本の10年債利回りは、1月に0・00％程度だったが、2月末から3月初めにかけて変動があったのを除くと、ほとんど変化していない。

このため、日米金利差が拡大して円高になった。

ドル安で日本の自動車産業は二重苦に直面

円高は、日本の輸出産業の利益を減少させる。日本の輸出は、コロナショックによる需要急減ですでに大きく落ち込んでいる。円高がこれに追い打ちをかけることになる。日本の製造業にとって困難な事態であることは間違いない。

トヨタ自動車をはじめとして多くの日本の製造業は、２０２１年3月期業績予想の前提為替レートとして、１ドル＝１０５円を想定している。

トヨタ自動車の場合、ドル円レートが1円変動した場合の営業利益への影響額は４００億円程度といわれているので、１０５円より円高になれば、営業利益には相当の影響がある。

株価も円高に反応している。７月末に１ドル＝１０４円台まで円高が進んだことがあった。

このとき、日経平均株価が急落した。

では、日本が金利を操作することで、円高を回避できるか？

日本の10年国債金利は、16年1月29日にマイナス金利政策が導入されて以降、ほぼゼロ％の近傍なので、これ以上に低下させることは難しい（8月7日で０・０１１％）。

イールドカーブの形状からいって、もしこれよりさらに引き下げようとすれば短期金利のマイナス幅をさらに大きくする必要があり、それは金融機関の収益をさらに悪化させるので、不可能だろう。

このように、日本には金利を操作する余地がない。

アメリカでは、これまでの金利水準が高かったために、金利の下落も顕著だ。このため、前記のようなことが起きたのだ。

すると、アメリカの低金利が続くかぎり、円高は続く可能性がある。

ニューノーマルに対応できるか？

今後とも営業利益の黒字を確保できる日本の自動車メーカーは、トヨタだけになるかもしれない。そうした状況下で、他のメーカーは生き残れるだろうか？

コロナ後の社会は、「ニューノーマル（新しい日常）」に移行する。コロナ後に、昔と同じ社会が戻ってくるわけではないのだ。

変化は、自動車についても生じる。どのような変化が生じるかを正しく予測し、それに対応してビジネスモデルを変えていかなければならない。

例えば、在宅勤務が通常の勤務形態になる可能性がある。文字通りに自宅で仕事をするのでなくとも、大都市都心のオフィスでなく、分散化されたリモートオフィスで仕事をするようになるかもしれない。すると、郊外や地方都市に住む人が増えるだろう。

そうした社会では、遠距離を高速で移動するこれまでのタイプの自動車ではなく、一人乗りで短距離を移動するための電気自動車（ＥＶ）に対するニーズが高まる可能性がある。自動運転車なら、さらに楽だ。

そうした予想が株価に影響を与え、テスラの時価総額がトヨタを上回るような変化がすでに起きている。

自動運転の分野では、トヨタでさえ対応ができるかどうかわからない変化が起きている。コロナはこうした変化を加速させる。自動車産業は変化に対応できるかどうかを問われている。日本の基幹産業の姿は、大きく変わるだろう。

4 売り上げ減の連鎖のため、企業収益は損益分岐点近くに

1〜3月期の売上高を7・5％減に下方修正

財務省が2020年7月27日に発表した1〜3月期の法人企業統計調査の確報によると、全産業（金融・保険業を除く）の売上高は、前年同期に比べて7・5％減だった。速報値の3・5％減から下方修正された。非製造業が8・3％減、製造業は5・5％減だった。

営業利益は30・9％減。製造業が31・1％減、非製造業が30・9％減だった。

つぎの部門が、とりわけ深刻な状況に直面している（カッコ内の数字は、最初が売上高、つ

ぎが営業利益の対前年同期比減少率：％)。

鉄鋼（10・6、91・0)、はん用機械（11・2、27・9)、生産用機械（15・3、28・0)、輸送用機械（6・2、72・2)、卸売業・小売業（13・3、33・0)、運輸業・郵便業（10・5、92・0)、サービス業（13・3、52・9)。

なお、この時点では、輸送用機械の売上高減少率は、さほど大きくなっていない。

また、全体としても、業種別で見ても、営業利益は黒字を保っている（ただし、石油・石炭を除く)。

しかし、経済縮小が本格化したのは、4月以降のことだ。この期間では、売り上げはさらに落ち込み、利益減少がもっと顕著になっていると考えられる。

そこで、以下では、4月以降の売り上げや営業利益がどうなるかについて予測を試みよう。

2021年3月期：航空会社や百貨店が赤字に

2021年3月期の見通しを、いくつかの企業が発表しているので、まず、それを見ておこう。

自動車メーカーについては、本章の3で紹介した。トヨタ自動車は、20年の世界販売は前年比22・3％減少し、利益が79・5％減少するとしている。他のメーカーは赤字に転落する見通した。

航空業界も厳しい。ＪＡＬの4〜6月の旅客数は、国際線が前年同期比98・6％減、国内線が同86・8％減。

ＡＮＡは、4〜6月の国際線の旅客数は、前年同期比96・3％減。国内線も同88・2％減だ。20年4〜6月期決算で、ＡＮＡの売上高は1216億円と、前年同期より75・7％減少、営業損益が1590億円の赤字だ。21年3月期の利益予想は発表されていないが、赤字は避けられない。

百貨店では、三越伊勢丹が、21年3月期の売り上げが対前年比26・5％減少し、最終損益が600億円の赤字（前期は111億円の赤字）になるとの予想を発表した。

こうした業種では売り上げ減少が著しいので、多くの企業が赤字に陥ることは避けられないだろう。

企業は売り上げ減に対応して仕入れや材料費などを削減している

では、右に見た部門以外も含めた全体の状況はどうなるだろうか？

それを推計するためには、売り上げ減に直面した企業がどのように対処しているかを知る必要がある。そのために法人企業統計の2020年1〜3月期の計数を見ると、図表2－8のと

図表 2-8 売上高、営業利益などの対前年同期比

（単位:%）

	売上高	売上原価	販売費及び一般管理費	営業利益	人員計	人件費計
全産業	-7.50	-7.58	-0.35	-30.92	-2.64	-3.12
製造業	-5.50	-5.60	1.74	-31.09	-0.07	-0.77
非製造業	-8.27	-8.39	-1.02	-30.87	-3.49	-4.13

（注）2019年と20年の1～3月期の比較。
（資料）法人企業統計調査より著者作成

おりだ。これから、つぎのことが分かる。

（1）売上原価を、売上高の減少率とほぼ同率だけ減少させている。これは、製造業でも非製造業でも共通して見られる傾向だ。

（2）販売費及び一般管理費は、全産業で見ると減少しているが、減少率は極めて低い。製造業ではむしろ増加している。（注5）

（3）人件費は、非製造業の場合は、売上高減少率の半分程度の減少率。製造業では減少しているが、減少率は極めて低い。

つまり、企業は、売り上げの減少に対応して、仕入れや材料費などを削減している。しかし、コロナ危機はいつかは終結するとして、間接部門にはほとんど手をつけていないのだ。

（注5）売上原価とは、物品販売業では仕入れなど。製造業では、材料費、製造ラインの人員の賃金、製造機器や工場運営にかかった経費な

図表 2-9 ｜売上高減少率（横軸）と営業利益減少率（縦軸）

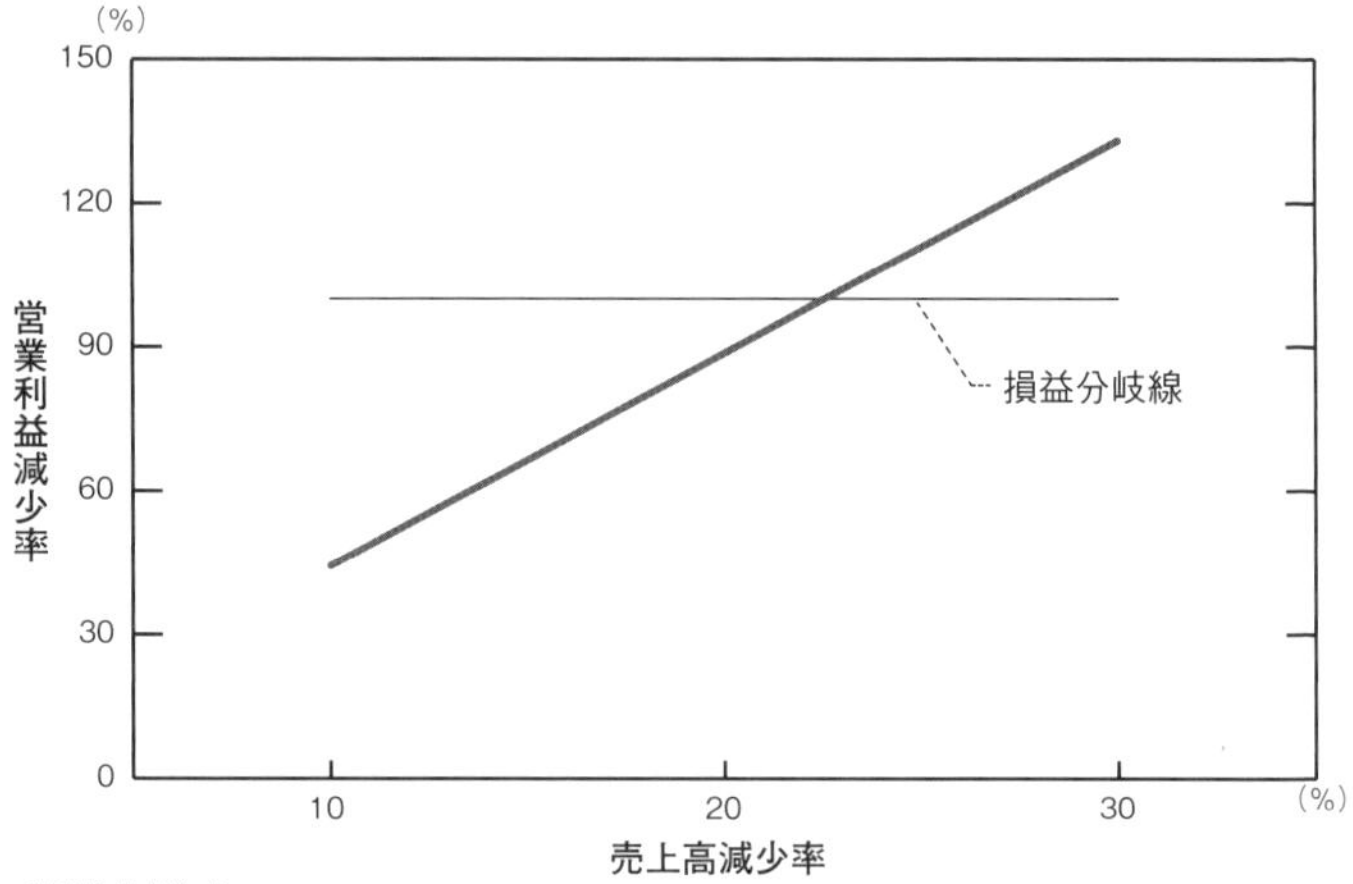

（資料）著者作成

ど。サービス業では人件費など。

販売費とは、販売手数料、広告費など。

一般管理費は、間接部門（人事・経理・役員など）の人件費や事務所を運営するための費用（光熱費、家賃、減価償却費など）、租税公課、会社全体の福利厚生費など。

売り上げがどこまで落ちれば赤字になるか？

今後、売り上げがどの程度落ち込み、営業利益はどうなるのだろうか？　これを見るために、図表2－8に見られる傾向を参考にして、つぎのように仮定しよう。

まず、売上高が減少した場合、売上原価を同率だけ削減すると仮定する。他方で、販売費及び一般管理費は削減しないとする。

その場合に営業利益がどうなるかは、補論1に示すモデルで計算される。結論はつぎのとおりだ（図表2－9参照）。

売上高減少率が22・5％未満の場合は、営業利益は黒字を維持できる。しかし、売上高減少率が22・5％を超すと、営業利益は赤字になる。

本章の3で述べたように、トヨタ自動車の場合、世界販売台数が約22・3％減で、営業利益は79・5％減としている。このモデルで売上高減少率が22・3％の場合を計算すると、営業利益は98・9％減となるが、ぎりぎり黒字だ。つまり、このモデルの結果は、トヨタの予測とほぼ符合する。


売上原価の削減を通じて売り上げ減が広がる

コロナ危機によって直接影響を受けたのは、経済全体の3分の1程度だ。

しかし、その影響は、つぎのようなプロセスを通じて、他部門に波及する。

直接に影響を被った部門が売上原価を減らせば、それは、直接に影響を被らなかった部門の売り上げをも減らすことになる。すると、その部門が売上原価を減らし、それがさらに他部門の売り上げを減らす。こうして、いったんある部門で大きな売り上げ減が発生すると、それが経済全体に波及していくことになる。

この過程は、補論2に示すモデルで分析することができる。

その結論は、つぎのとおりだ。

全体の中で a の比重を占める部門が比率 b の売り上げ減に直面し、原価を比率 b だけ減らすとする。売上高に対する原価の比率は c とする。

まず、さまざまなデータを参照して、a ＝0・3としよう。つまり、営業自粛等によって直接売り上げが減少するのは、全体の3割であるとしよう。また、法人企業の全産業のデータから、売上高に対する原価の比率 c は3／4であるとする。

（1）直接影響を受ける部門の売上高減少率を1割（b ＝0・1）とすると、最終的な売り上げ減は7％未満となる。補論1のモデルによれば、営業利益の減少率は3割未満に収まるだろう。

（2）しかし、b ＝0・3とすると、最終的に経済全体での売り上げは約2割減少する。補論1のモデルによれば、この場合には、営業利益はゼロに近づく。

航空会社、自動車産業、小売業、サービス業などでは、今後、売り上げ減が3割を超えると考えられるが、そうなると、このモデルが示すように、ほとんどの企業の営業利益がゼロに近づく可能性がある。

補論1　売上高減少率と営業利益減少率の関係

売上高が2019年1～3月期の値よりx%だけ減少すると、372.5（1－x/100）兆円となる。売上原価はx%減少するので、286.0（1－x/100）兆円となる。販売費及び一般管理費は、19年1～3月期の値67・0兆円のままで不変だ。

したがって、営業利益は、

$$372.5（1-x/100）-286.0（1-x/100）-67.0=19.5-86.5x/100（兆円）$$

となる。これを0とするxは、22・5（%）だ。

19年1～3月期の値に対する減少率は、4・435x（%）となる。図表2－9は、これを示したものだ。

x＝22・5の場合、この値は100となる。xの値がこれ未満なら黒字だが、これを超えると赤字になる。トヨタの見通しであるx＝22・3の場合には、この値は98・9だ。

補論2　仕入れ減などを通じて売り上げ減が波及する過程

全体の中でaの比重を占める部門が比率bの売り上げ減に直面し、他の部門は当初は売り上げ減に直面しないとする。

売り上げ減に直面した企業は、原価（仕入れや材料購入）を比率bだけ減らすとする。売上高に対する原価の比率はcとする。

全企業の売上高をAとすると、購入が$abcA$だけ減少する。そのため、全企業の売上高が同額だけ減少する（ここでは、材料などを外国から輸入するケースを除外している。また、影響は各企業に等しく及ぶものとする）。率で言えばabcの減少だ。

この売り上げ減に対応するために、どの企業も、原価をabcの率だけ減少させる。額では、$abccA$だ。これによって、全企業の売り上げが$abccA$だけ減少する。

この過程が続くことにより、最終的にすべての企業の売上高が$abc(c+c^2+c^3+\cdots\cdots)A$$=abc^2A/(1-c)$だけ減少する。

$a=0・3$、$b=0・1$、$c=3/4$とすると、これは約$0・0675A$だ。補論1のモデルによれば、営業利益の減少率は3割未満に収まるだろう。

しかし、$a=b=0・3$、$c=3/4$とすると、これは約$0・2A$となる。つまり、当初、売り上げ減に直面しなかった企業も、売り上げが2割減少する。補論1のモデルによれば、これは赤字転落の近傍だ。

なお、当初3割の売り上げ減少に直面した企業は、最終的には売り上げが約5割減少する。

第3章

迷走を続けた政治の対応

1

高齢者を見捨てる「悪魔の戦略」を取らぬと約束できるか？

理解できない行動

2020年5月の大型連休の前、沖縄県の玉城デニー知事は、「大型連休に沖縄へ来る予定の方が、（発着を合わせ）6万人余りいる」として、旅行のキャンセルを求めた。4月20日には県独自の緊急事態宣言を発令し、「離島を含め医療体制も非常事態だ」と理解を求めた。

沖縄県知事の切実な旅行自粛要請にもかかわらず、かなりの人が県外から沖縄に押し寄せたようだ（国土交通省の調べでは約1・5万人）。

医療崩壊が迫っている島に出かけていって、バカンスを楽しみたいとする人々の心理状態を、私は理解できない。

同じ頃、各都道府県は、パチンコ店に休業を要請した。従わない店には個別に要請し、要請先の店名や所在地を公表するとした。大阪府は、休業要請に応じない6店の名前と所在地を公表した。しかし、開いているパチンコ店の情報がネットで広がり、堺市のパチンコ店には、開店前から多くの客が詰め掛け、数百人が列を作った。

わざわざ3密空間に集まってくる人々の心理状態を、私は理解できない。

連休の前、銀行の窓口に人々が押し寄せた。外出自粛で家の片づけをする人が増えて、「古いお札が見つかったので交換を」とか「古い通帳が見つかったので解約を」などの用件だったという。大型の貯金箱を持ち込んで大量の硬貨を入金した客もいた。あるいは、「長話をしたかった」という人もいたそうだ。

こうした人たちの心理状態を、私は理解できない。

本当は「よく理解できる」行動？

どうしてこうした行動を取る人々がいるのだろう？　実は、理由は簡単なことかもしれない。

それは、コロナウイルスの重症化や死亡リスクは、高齢者と基礎疾患を有している人々に偏っていることだ。それに対して、65歳未満の人々の場合には、新型コロナウイルスによる死亡リスクは、自動車で通勤する場合の死亡リスクとほぼ同じほど低い。

つまり、高齢者や基礎疾患患者を除くと、新型コロナウイルスを恐れる必要性は低いのだ。これらの人々が「自分は大丈夫」と考えるのは、理由がないわけではない。

前項で述べたことは、そう考えている人が実際に多いことを示している。「心理状態を理解できない」と書いたが、本当は「よく理解できる」行動なのかもしれない。誰もが認めるが、口に出さないだけのことなのかもしれない。

「高齢者は見捨てる」という考え方

そこで、つぎのような考えが生まれる。

まず、高齢者や基礎疾患者は、隔離状態に置いて保護する。それら以外の人々については、社会経済活動の制限は最小限にとどめる。具体的には、感染リスクの高いサービス業の営業自粛などに限定する。そして、感染をある程度は許容する。スウェーデンは、実際にこのような政策を取り、都市のロックダウンを行なわなかった。

感染が拡大して医療崩壊が近づいた場合には、高齢者を見捨てる。

スウェーデンでは、集中治療室に入れる人々に年齢制限を設けた。後期高齢者は、コロナウイルス感染が疑われるような症状が発生した場合には、救急病棟やＩＣＵに行くことはない。なぜなら、高齢者は、集中治療で人工呼吸器などを使っても、延命の可能性は低いからだ。

スペイン、イタリア、オランダでは、高齢者介護施設が見捨てられるケースが相次いだ。スペイン国防相は、「一部の高齢者介護施設が完全に見捨てられ、ベッドの中で死んでいる人を軍が見つけた」としている。イタリアの高齢者介護施設では、１日数十人がウイルス感染の検査を受けずに死亡したそうだ。

「トリアージュ」（命の選別）が行なわれたわけだ。

「悪魔の戦略」

右の考えは、もっと進めることができる。「コロナで高齢者が死亡して少なくなるほうが、長期的な経済成長に役立つ」という考えは、ありうる。それは、つぎのようなものだ。

仮にコロナで高齢者の半数が死亡したとしよう。すると、必要な年金給付総額は半分になる。医療費も激減する。病院での待ち時間は少なくなる。税収は不変だから、一挙に財政再建ができる。労働生産性も上がる。このように、「よいこと」ばかりだ。

もう少し精密に、「感染症対策の費用に上限を設けるべきかどうか」という考えもある。ニュージーランドでは、有力研究機関がこの問題に挑んだ。そのおおよその結論は、つぎのようなものだ。

3万3600人（感染拡大が放置された場合に予想される死者数）の国民の命を救うのに、GDPの6・1％相当額までなら、政府は支出を経済的に正当化できる。しかし、死者数を1・26万人（感染拡大が抑制された場合の予想死者数）にとどめるのを目的にするなら、GDPの3・7％までの医療関係費しか正当化できない。

それ以上費やすより、別の目的に充てるほうが、長期的にはより多くの人命を救える。支出額がこれ以上膨らめば、道路や建物の安全性を高めたり、別の医療サービスに充てたりするほうが、長い目で見るとより多くの命を救えるという。

これは、「悪魔の戦略」と呼ぶしかないものだ。

「悪魔の戦略」は断固拒否したい

私は、悪魔の戦略には決して与《くみ》しない。

ドイツ首相アンゲラ・メルケルも、2020年3月18日にドイツ国民に向けた演説で、つぎのように述べ、悪魔の戦略を拒否する立場を明確に示した。

「私たちはすべての人の命に価値があることを知るコミュニティで生活しているのです」

そして、そのために何がなされるべきかについて、つぎのように述べた。

「感染拡大を遅らせるために何をするべきか。そのために極めて重要なのは、私たちは公的な生活を中止することなのです。誰もがこのウイルスに感染する可能性があるのですから、すべての人が協力しなければなりません」

「それは私たちがどれほど脆弱《ぜいじゃく》であるか、どれほど他者の思いやりのある行動に依存しているかということ、それと同時に、私たちが協力し合うことでいかにお互いを守り、強めることができるか、ということです」

「お年寄りは孫に会ってはいけない」「(これによって)毎日たくさんの病人の看護をしている病院の負担を軽減させている」「これが私たちが人命を救う方法なのです」


では日本はどうなのか?

日本の指導者からも、自らの言葉による、こうしたメッセージを聞きたい。ただし、プロンプター(原稿映写機)を見ながら原稿を読むだけ(いわゆる「台本営発表」)ではだめだ。それでは、国民に伝わらない。

メルケルは国民の信頼を得ており、自分の言葉で語っているから伝わるのだ。わが国でそれと同じことを望むべくもないことは、認めざるをえない。

だが一方で、本章の最初に述べたような人々がいる。どうしたらよいのか、途方に暮れてしまう。

2 コロナが暴いた政治家の資質

危機にあたって国民の先頭に立ったエリザベス女王

コロナで、さまざまなことがあからさまになった。政治家の資質もそうだ。
国が存亡の機に直面したとき、先頭に立って国民を奮い立たせた指導者は、歴史上、何人もいる。

1588年7月、イングランド沖にスペイン無敵艦隊が現れ、イングランドに神の鉄槌を下すべく、その威容を示した。イングランドの女王エリザベスは、捕らえられてスペインに連行され、宗教裁判で有罪とされて、火炙りにされることを覚悟したに違いない。

彼女は、鎧《よろい》に身を固め、危険を冒して最前線に赴き、全軍の先頭に立った。そして、歴史に残る演説（ティルベリー演説）を行なった。

わが愛する民よ（My loving people）。

あなたたちの中で生き、そして死ぬために、戦いの熱気の真っただ中に私は来た。たとえ塵《ちり》になろうとも……。

わが神、わが王国、わが民、わが名誉、そしてわが血のために！

これを聞いた兵士たちは、たとえ死んでも悔いはないと思ったに違いない。

ドイツ国民の心を揺り動かしたメルケル

コロナ危機においても、明確な哲学に基づき、感動的な言葉で国民に犠牲と協力を求め、政府が行なうことを約束した指導者がいる。

ドイツ首相のメルケルは、前述した2020年3月18日の演説で、実に感動的で、しかもはっきりしたメッセージをドイツ国民に伝えた。

まず、「すべての国民の皆さんが、この課題を自分の任務として理解されたならば、この課題は達成される、私はそう確信しています。ですから、申し上げます。事態は深刻です。（中略）第2次世界大戦以来、わが国においてこれほどまでに一致団結を要する挑戦はなかったのです」と、問題の深刻さを指摘した。

そして、つぎに、「公的な生活を中止すること」が必要だとした。ただし、「理性と将来を見据えた判断を持って国家が機能し続けるよう、供給は引き続き確保され、可能なかぎり多くの経済活動が維持できるようにします」とした。

さらに、「経済的影響を緩和させるため、そして何よりも皆さんの職場が確保されるよう、連邦政府はできるかぎりのことをしていきます。企業と従業員がこの困難な試練を乗り越えるために必要なものを支援していきます。そして安心していただきたいのは、食糧の供給については心配無用であり、スーパーの棚が1日で空になったとしてもすぐに補充される」と、政府の役割を約束した。

最後に、「状況は深刻で未解決ですが、お互いが規律を遵守し、実行することで状況は変わっていくでしょう」とした。

いま国家の指導者がなすべきことは、「この危機と恐怖に耐え抜いてほしい、私も全力を尽くす」と自分の言葉で訴えることだ。メルケルのこの演説は、すべてのドイツ国民の心を動かすものだった。

こうした指導者を持つドイツ国民を、心底羨ましく思う。

言葉だけではない。ドイツの医療は機能し続けており、死亡率は目立って低い。

国民の恐怖にまったく関心のない権力者

それに比べて、わが国の首相は何をしたか？

２０２０年4月12日、「私は犬を抱いて自宅で寛《くつろ》いでいるよ」という動画が、「うちで踊ろう」という楽曲とともに、ＳＮＳ上に流された。

私は、「これが本当に首相の投稿であるはずはない。悪質なフェイクだ」と思った。「何カ月も前に撮影されたものを、首相を中傷するため、誰かが、いまそうしているかのように流したのだ」と思った。

しかし、これは本当に首相が流したものだった。ありえないことではないか？

われわれは、いま極限の恐怖の中にいる。医療が崩壊すれば、コロナに感染したらどう扱われるか分からない。これは、底知れぬ恐怖だ。

持病が悪化しても、怖くて病院に行けない。医療関係者たちは、医療崩壊寸前の現場で必死の努力を続けている。

在宅勤務をせよと政府は言っているが、満員電車で通勤しなくてはならない人が大勢いる。収入が激減したので、これから生活を維持できるかどうか分からない。

メルケルが正しく指摘しているように、これは、第2次世界大戦以降、経験したことがなかった事態だ。

そうした中で、最高権力者とその周りの人々だけが、この恐怖から逃れている。コロナは誰にも平等というが、感染した場合の扱われ方は違う。彼らは、熱が出ても、保健所に連絡して指示を受ける必要はないだろう。そうしなくとも手厚く看護される。そして、所得減少は、2割の歳費削減だけだ。

国民が極限の恐怖に直面する中で、恐怖をまったく感じていない人たちがいるということがよく分かった。

私の友人が2月下旬に言った。「コロナに感染するなら早いほうがよい。入院できるから。医療が崩壊してからでは、放置される」。そして、「権力者はこの恐怖を理解できないだろう」と言った。あまりに恐ろしい予言なので何とか忘れようとしていたが、思い出してしまった。

「うちで踊ろう」というのだが、いまの日本で踊りたくなる人が、いったい何人いるのだろう?

国家が破綻するかもしれないという事態において、犬を抱いて寛いでいられる人がいる。それは、厳然たる事実であり、いかんともしがたい。しかし、塗炭の苦しみに喘《あえ》ぐ国民にその姿をわざわざ見せる必要はない。暴動が起きないのは、暴動を起こす余裕さえ国民が持っていないからだ。

あのトランプでさえ、自らを戦時大統領だといっている。エリザベスやメルケルには比べるべくもないが、それでも、寝食を忘れて危機に対応するというメッセージを国民に送っているのだ。世界の指導者の中で、「私は、いま、自宅で優雅に寛いでいます」と公言した人がいるだろうか？

経済対策：国は国民を見捨てた

この首相が率いる政府は、コロナ感染に対して、何をしてくれたか？

２０２０年2月16日に不要不急の会合の自粛要請が行なわれ、2月27日には安倍晋三首相が小中高校の休校要請を表明した。

しかし、休校措置の効果が疑わしいことは、素人でも分かる。両親が働いている場合には「学童保育」に任せる親が多いが、学童保育は、学校より密集した空間が多いといわれる。この場合には、かえって感染の可能性を高めてしまうわけだ。

この点は、国会でも議論になった。そして、満足のいく回答が得られなかった。事実、栃木などいくつかの県が休校しなかった。休校要請が本当に必要な措置だったのかどうかは、大いに疑問だ。

3月30日にオリンピック延期が決定された。このときまで、日本政府は7月にオリンピックが開けるとしていたのだ。

4月7日に東京、神奈川、埼玉、千葉、大阪、兵庫、福岡の7都府県に緊急事態宣言が発令された。同日、新型コロナウイルス感染症緊急経済対策が閣議決定され、まず、布マスクを全家庭に配ることが決まった。

何のために配るのか？　布マスクで感染を避けることはできないといわれているので、これで何ができるのか？　心理的な安心感か？

これに必要な費用は466億円といわれる。やるべきことはいくらでもあるのに、それに充てる財源が、466億円消えてなくなる。

しかも、実行を強いられる現場には大きな負担になる。そのマイナス効果のほうがずっと大きい。役所の下っ端で働いた経験からいうと、やりがいのある仕事なら、どんなにつらくても耐えられる。しかし、馬鹿げた仕事で深夜遅くまで振り回されるのは耐えられない。

また、現金給付30万円を行なうこととされた。しかし、この制度は悪用される危険があった。悪徳経営者なら、所得制限の条件を満たす従業員の給与を減らす。現金給付を受け取らせて、その穴埋めをさせる。これだけで、巨額の収入が得られる。減収証明書の偽造対策を講じるというが、雇い主が給与を実際に切り下げ、被用者が30万円もらい、あとで山分けするのは、偽造ではない。これにどう対処するのかという問題があった（なお、30万円構想は、補正予算に計上されたあとで撤回され、10万円の特別定額給付金になった。この効果については第4章で検討する）。

休業要請は自治体に任せたが、政府は範囲拡大には反対した。そして、「強制でなく要請だから補償はしない」とした。

営業自粛しても、家賃、光熱費、維持費は払う必要がある。もちろん、従業員の給与もある。関係者まで含めれば、収入減少者の範囲は極めて広くなる。

マスクは配ったし、10万円も配った。営業自粛要請や協力金の支給は自治体がやってくれる。政府は補償金は出さない。首相は自宅で寛ぐ。

これが、日本政府が発した明確なメッセージだ。要するに、国民は捨てられたのだ。こうしたメッセージを明確に出している国は、他にない。

繰り返すが、メルケルは「企業と従業員がこの困難な試練を乗り越えるために必要なものを支援していきます」と約束したのだ。

3 営業自粛要請と補償はセットか?

「自粛要請だから補償の必要なし」論理はすでに破綻している

都の休業要請協力金に対して、国は直接関与する予定はないとした。都の休業要請は新型インフルエンザ等対策特別措置法45条に基づくものではなく、独自に行なったものだからだという理由だ。

そして、安倍晋三首相は「個別の損失を直接補償するのは現実的ではない」とした。その理由は、第1に、間接的影響まで含めれば、総額が巨額になってしまうからだろう。また、「自粛は要請であって強制ではないから、補償の義務はない」ということだろう。

しかし、「巨額だからできない」という理由が認められないのは明らかだ。また、「強制でなく要請だから補償しない」という論理も、この時点ですでに破綻していた。休校要請に伴う親の所得減を補償すると約束したからだ。

営業自粛や休業の要請に伴う補償の問題は、決して終わったとはいえない。むしろ、これから真剣に対処しなければならない問題だ。

営業自粛要請と補償の問題

緊急事態宣言がなされて、収入の道を断たれる人たちが増えた。これについて、「営業自粛要請と補償はセットだ」という考え方が主張されている。他方で政府は、「自粛要請による損失補償はしない」と一貫して明言している。

これは原理原則論の対立だが、この中間が解であることは間違いない。問題は、「誰にどれだけ」ということなのだ。

営業自粛要請と損失補償の問題は、原理原則論だけでなく、数字の議論が必要だ。以下で、この問題について考えることにしよう。

この問題の原理原則論は、つぎのようになるだろう。

まず第1に、「営業の自由」といっても、どんな場合でも無制限の自由が認められているわけではない。憲法第13条は、「公共の福祉に反しない限り」という制約を加えている。

コロナウイルスの感染の抑制が、公共の福祉の観点から要請されるのは明らかだ。もしどんな事業も自由にできるということになれば、感染が拡大し、その事業さえもできなくなってしまうだろう。したがって、営業の自由に一定の制約が課されることは、社会全体の立場からだけでなく、その事業の立場から見ても合理的なことだ。

そして、憲法第29条は、「財産権の内容は法律で定める」としている。いまの場合には、感染症対策の特別措置法がそれを定めていることになる。

原理原則論の限界

以上から、つぎの結論が導かれる。

コロナ感染防止という公共の目的のために、政府や自治体が営業自粛を求めることは正当化される。公共の福祉のために行なうことなのだから、負担を分かち合わなければならないのは当然だ。

ただし、営業自粛要請と補償が完全にセットでなくてはならないという理由もない。つまり、損失額を100パーセント補償しなければならないわけではない。なぜなら、営業の自由は、もともと一定の制約下にあるものだからだ。

他方、公共の福祉のために、私企業の利益機会を奪うのだから、それによって生じる損害に政府がまったく関与しなくてよいはずはない。

政府は、一貫して「自粛要請による損失補償は行なわない」としている。しかし、その論拠は認めがたいものだ。この点は、明らかにすべき点だ。

ただし、政府は何もやっていないわけではない。「損失補償」という名目ではないが、一律給付金や持続化給付金などの政策を行なっている。

問題は、それらが十分かどうかの検討だ。人件費や家賃などの固定費の負担を考えただけでも、協力金では焼け石に水という場合が多い。

問題は定量的判断「どれだけの自粛が必要か？」

法律論でいえるのは、以上までだ。ここまでは、多くの人が認めるだろう。ただし、これだけで実際の政策が行なえるわけではない。なぜなら、以上は、基本的考え方しか明らかにしていないからだ。実際に問題となるのは、定量的な判断だ。

その第1は、「どの範囲の事業について自粛が必要か？」だ。これは、法律論では答えられない問題だ。原理原則論や理念でなく、定量的判断が必要だ。どの程度の自粛を求めればどの程度の効果があるかなどについて、データに基づく計算と評価が必要だ。

国会で行なわれた議論では、このプロセスが抜けている。そして、原則論のぶつけ合いしかなされていない。これは不毛な議論だ。

もちろん、計算だけで、唯一の正しい答えが見いだせるわけではない。立場によって政策の評価は異なるから、民主的な討論の結果としての合意を求めていくことが必要だ。客観的なデータに基づく政策評価の上で、民主的な討論でどこまで合意を形成できるかが問われているのだ。

とくに難しいのは「どの範囲に、どの程度」

定量的判断が必要な第2の問題は、「どの範囲に、どの程度」だ。経済的に損害を受けているのは、直接営業自粛の対象になっている事業者だけではない。それに関連する業者も大きな損害を受けている。また、集会などの規制で、多くの人が損害を被っている。

「関連する業者も大きな損害を受けている」ことは、政府も指摘している。要請の対象となっていない納入業者などの損失もあるとして、「個別の損失に限定して直接補償を行なうことは現実的でない」とした。

しかし、これは、おかしな論理だ。損失を受けている人が広範囲に及ぶなら、それらの人々も対象にする必要がある。「範囲が広いからできない」というのでは、「問題が難しいから対処できません」ということになり、自らの能力のなさを示すだけのことになってしまう。

休業や営業自粛要請は感染防止を最優先して決めるべきだ

2020年4月7日、政府が東京都など7都府県を対象にした緊急事態宣言を発令して東京都などが営業自粛や休業の要請を行なった過程で、東京都と国の間に軋轢《あつれき》があった。

東京都が範囲を広く設定しようとしたのに、国は消極的だったのだ。「営業自粛を徹底すると、補償金の要求が出てくるのが怖い。だから、範囲を広げたくない」という思惑が見え見えだった。

しかし、もし緩やかな自粛の要請にすれば、感染が拡大して、補償金がかえって多くなってしまうことは十分ありうる。どっちつかずは最悪の戦略だ。

問題は、これで終わったわけではない。これからも同じようなことが問題になる。したがって、これまで決まった制度についての点検が必要だ。

4 政府の経済対策

政府の経済対策：第1次補正予算

新型コロナウイルスの感染拡大を受けた緊急事態宣言に伴い、政府は緊急経済対策を打ち出した。2020年4月20日に閣議決定された新型コロナウイルス感染症緊急経済対策は、事業規模が117・1兆円、財政支出が48・4兆円のものとなった。

事業規模と財政支出の額が大きく違う。なぜこのようになるのだろうか？

それは、施策の中には、融資や納税猶予などの施策が含まれており、これらは財政支出を伴わないからだ。施策の「規模」を考えるには、この点を考慮する必要がある。

以下の議論においては、財政支出がどれだけあるかを問題とする。これは、しばしば、「真《ま》水《みず》がどれだけあるか」といわれることだ。

前記の財政支出のうち、国費は33・9兆円だ。4月30日の参院本会議で可決・成立した20年度補正予算は27・5兆円である。そのうち、一般会計が25兆6914億円だ。これは、過去最大の規模だ。これは、GDP（20年1～3月期、季節調整後年率で545兆円）の4・7％にあたる。

一般会計の補正予算での増加分25兆6914億円のすべては、国債の追加発行で賄う。うち、特例公債（赤字国債）が23兆3624億円だ。補正後の新規国債発行額は58兆2476億円となり、過去最大となる。歳入に占める公債金収入の割合（国債依存度）は、当初予算段階では31・7％だったが、補正後では45・4％となった。

経済対策の中で最も額が多いのは「雇用の維持と事業の継続」のための経費だ。これは、事業規模で88・8兆円、財政支出が30・8兆円となっている。このうち、規模が最も大きいのは、10万円の特別定額給付金だ。このための費用は、12兆8803億円だ。これは、GDPの2・4%だ。

政府の経済対策：第2次補正予算

政府は、2020年5月27日、第2次補正予算案を閣議決定した。財政投融資や民間融資なども含めた事業規模は117・1兆円で、1次補正と同じ。一般会計が31兆9114億円。このうち10兆円は予備費。閣議決定後に国会へ報告すれば事実上、政権が自由に使える。

財政投融資に39・3兆円を計上。20年度の当初計画は62・8兆円だったので、急増だ。事業規模には、さらに民間資金が大幅に算入された。

国債の新規発行額は、第1次補正予算より31兆9114億円増えて、90兆1589億円となる。20年度末の普通国債残高は、約964兆円となる。これは、一般会計税収（約64兆円）の約15年分に相当する。財投債を加えると、900兆円台後半で推移していた発行残高は20年度末に1097兆円となる。

ただし、10年物国債利回りはマイナス0・005%で安定的だ。これは、第5章で述べるように、事実上の「財政ファイナンス」が行なわれた結果だ。

日本の経済対策は対GDP比で世界一というのは本当か?

政府は、日本の経済対策は、対GDP比で世界一だという。本当にそうだろうか?

BBCのNEWS JAPANは、新型コロナウイルス経済支援の国際比較を行なっている。対策のGDP比を見ると、日本は20%を超えており、(EUの基金からの利益を受けるマルタを除くと)世界一だ。

しかし、すでに述べたように、これは事業規模だ。この中には性格の異なるさまざまなものが含まれているため、国際比較には適さない。日本の場合の「真水」の対GDP比は、右に述べたように、10%程度でしかない。他国についての「真水」は分からないが、日本は、世界平均程度なのではないだろうか?

BBCの記事は、国民1人当たりの給付金額をも示している(元資料はOECD)。それによると、日本は752ポンド(10万円)であり、世界の平均程度だ。アメリカは964ポンドで、日本より多い。これは、年収9万9000ドル(約1050万円)以下のすべての米国市民(全世帯の約9割)に、成人1人当たり最大1200ドル(約12万7000円)を支給する施策だ。

なお、IMF（国際通貨基金）の2020年6月24日のレポートによると、世界各国の新型コロナ対策は6月時点で合計11兆ドル弱となり、4月時点の8兆ドルからさらに拡大した。08年のリーマンショック時（5兆ドル）の2倍強の財政出動だ。

ヨーロッパでは、賃金補助政策が広く行なわれる。国によって違うが、一時帰休になった労働者などの賃金の8割程度を支給する。アメリカの場合に現金給付が多いのは、賃金補助制度がないからだろう。

こうした違いを考えると、国際比較はあまり意味があることとは思えない。

第4章

不適切な政策が多すぎる

1 「一律10万円給付」は過剰だった?

5月の勤労者世帯の実収入が対前年比9・8%増と高い伸び

2020年7月7日に発表された5月の家計調査では、非常に重要な数字が見られた。世帯員2人以上の勤労者世帯の実質実収入の対前年比が、9・8%増という高い値を示したのだ。4月には0・9%増だったので、急激な増加だ(図表4－1参照)。

新型コロナ問題での営業自粛や休業の影響で収入が減っていると報道される中で、勤労者世帯の収入の伸びは極めて高いことを示している。

なぜこのようなことになったのか? その理由は、つぎの2つだ。

(1) 1人当たり10万円の特別定額給付金の受領。

(2) その他の実収入は、前年に比べて大きな変化がなかった。

特別定額給付金が収入をかさ上げ

右の（1）（2）を、家計調査の数字で確かめておこう。

まず、（1）について。図表4－1に示すように、「特別収入」のうちの「受贈金以外の特別収入」の対前年伸び率は、803・2％という極めて高い伸び率になっている。この項目の伸び率はこれまでせいぜい20％程度だったから、5月にこのような高い伸び率になったのは、明らかに特別定額給付金の影響だ。実額でいうと、5月の値は3万9234円だ。

「2人以上の世帯のうち勤労者世帯」の5月の世帯人員は平均3・32人だから、全世帯が受給したとすれば、33万2000円になるはずだ。5月時点の受領率が11・8％だったと考えると、この数字と辻褄《つじつま》が合う。

給付金の支給が始まったのは5月だが、給付率の全国平均は、総務省の発表によると6月24日時点で、全国5853万世帯のうち64・7％だった。ただし、大都市ではかなり低い。朝日新聞の調査によると、6月19～26日の時点で、大阪市は3％、千葉市8％、名古屋市9％だった。世田谷区では、7月3日時点で約35％だった。

こうした事情を考えると、5月時点の受領率が11・8％という右の推計は、妥当なものと考えられる。

勤労者の賃金はそれほど下がっていない

つぎに（2）のその他の実収入について、図表4－1の5月における対前年同月実質増減率を見ると、つぎのとおりだ。

まず、経常収入が2・9％増、勤め先収入が2・7％増と、平常並みの数字だ。世帯主の臨時収入・賞与は、40・4％増になっている。企業の業績不振にもかかわらず、賞与の伸びはかなり高い値だ。

		対前年同月実質増減率（%）	
4月	5月	4月	5月
3.33	3.32		
1.79	1.79		
54.5	55.1		
531,017	502,403	0.9	9.8
521,592	462,499	0.9	2.9
458,774	451,416	0.7	2.7
371,479	360,166	0.5	0.9
356,775	349,794	-0.4	0.1
14,704	10,372	29.7	40.4
75,183	77,959	2.9	14.3
12,111	13,290	-5.3	-7.2
3,429	2,896	-30.7	-34.7
59,390	8,187	5.5	42.4
9,425	39,905	-2.8	417.3
7,561	39,234	22.7	803.2
303,621	280,883	-10.0	-15.5

（資料）家計調査

また、非正規雇用者の失業が問題だといわれているが、世帯主の配偶者の収入は14・3％とかなり高い伸びを示している。大きな落ち込みが見られるのは事業・内職収入だが、実収入に占める比率

図表4-1　1世帯当たり1カ月間の実収入の状況

	2020年		
	1月	2月	3月
世帯人員（人）	3.33	3.33	3.34
有業人員（人）	1.78	1.78	1.78
世帯主の配偶者のうち女性の有業率（%）	54.8	54.6	54.6
実収入（円）	484,697	537,666	490,589
経常収入	470,016	531,787	478,647
勤め先収入	458,814	450,451	467,521
世帯主収入	370,491	362,968	379,489
定期収入	359,046	356,488	359,817
臨時収入・賞与	11,445	6,480	19,672
世帯主の配偶者の収入	76,108	76,204	75,538
他の世帯員収入	12,216	11,279	12,494
事業・内職収入	3,932	4,434	3,601
他の経常収入（社会保障給付等）	7,269	76,902	7,525
特別収入	14,681	5,879	11,942
受贈金以外の特別収入	8,620	4,017	7,575
消費支出	312,473	303,166	322,461

（注）2人以上の世帯のうち勤労者世帯

は低い。

以上のように、勤労者世帯は、平均して見るかぎり、コロナショックにもかかわらず、深刻な収入減には直面していない。

なお、厚生労働省が発表した5月の毎月勤労統計調査（速報、従業員5人以上）によると、所定内の給与も含めた現金給与総額は26万9341円で前年同月比2・1％減だ。2015年6月以来の大きな下げ幅だが、減少率自体はそれほど大きなものではない（注1）。

重要なのは、すでに指摘したように、「勤労者世帯で経常収入が減っていない」という事実である。すると、特別給付金は、少なくとも全体として見ると、必要なかったといえる。

もちろん、それは「勤労者世帯を平均として見れば」ということだ。実際には、すべての人が同じであるわけではない。平均より恵まれている人もいるし、平均より深刻な事態に直面している人もいる。

前者の人々は、収入が減っていないにもかかわらず給付金を受けた。そして、後者の人々は、給付金ではとても補いきれないほどの収入減に直面している。給付金は、大きな打撃を受けて、深刻な収入減に直面している人々に集中すべきだったのではないか？　これは、第1章の1で指摘したことだが、家計調査で改めてその必要性が確認された。

（注1）毎月勤労統計調査によると、残業代などを示す所定外給与は1万4601円と対前年同月比で25・8％減った。これは、企業が残業時間を減らしているからだ。また、非正規労働者が減っているのも問題だ。

給付金で実収入が大幅増

右で述べたのは5月だが、6月においては、勤労者世帯（2人以上の世帯）の実質実収入が、対前年同月比で15・6％も増加したことが分かった。これは、勤務先からの収入があまり大きく減らない半面で、1人10万円の特別定額給付金が給付されたからだ。

2人以上の勤労者世帯について詳しく見ると、つぎのとおりだ。

まず、世帯主収入は、19年6月に比べて1・7万円ほど減っただけだった（減少率2・6％：以下、減少額は19年6月と20年6月の比較。カッコ内の数字は減少率を示す）。

世帯主収入の減少は主として賞与が減ったためであって、世帯主の定期収入は6500円（1・8％）しか減っていない。

賞与の減も、1・1万円（3・7％）であって、生活を破壊するほどのものではない。

他方で、特別収入が15・1万円あった。これは、政府による国民1人当たり10万円の特別定額給付金だ。増加率では、実に3283％だ。

つまり、通常の年に得られる収入は、減りはしたものの、さほど大きくは減らなかった。他方で、減収額の10倍を超える給付金が配られた。このために、全体としての収入が大幅に増えたのだ。

ボーナス減少額を遙かに上回る給付金

ここで注目したいのは、ボーナスだ。

右に述べたように、世帯主の「臨時収入・賞与」の対前年比減少額は1万円程度だ。

一方、企業業績は、1~3月期ですでに大幅に悪化している。第2章の4で述べたように、法人企業統計によれば、1~3月期の全企業で、売上高は対前年同期比3・5%の減少、営業利益は33・9%の減少だ。

企業利益がこのように大きく落ち込んでいるにもかかわらず、ボーナスの減少が3%で済んでいるのは、奇妙な気さえする。

日本では、ボーナスは「賞与」という名になっているにもかかわらず、実態は生活給的な性格が強いからだ。実際、業績連動制を採用しているのは、全企業のうちの3分の1程度だといわれる。だから、今回のような危機的状況でもボーナスをあまり減らさないというのは、むしろ当然のことなのかもしれない。

しかし、それにしても、給与所得者が企業によって強く守られていることを痛感せざるをえない。

消費はほぼ不変で貯金が増えた

では、大幅に増加した実収入を、家計はどのように使ったのか？

２０１９年６月には、実収入が88・1万円で、消費支出が30・8万円だった。20年６月には、実収入が１０１・９万円で、消費支出が29・8万円になった。

つまり、実所得は13・8万円増えたが、消費支出は1万円減ったのだ。ただし、消費減は、あまり大きなものではない。ほぼ不変といってもよいだろう。

大きく変わったのは預貯金の純増だ。20年６月では50・３万円だった。これは、19年６月の37・４万円より12・９万円（34・５％）も多い。

19年６月の37・４万円がボーナス月における普通の貯蓄行動を表しているとすると、20年６月にはそれより12・９万円も多くなっているわけだ。これは、給付金15・５万円の83・２％に当たる。つまり、多くの世帯は、給付金を、例年より貯蓄を多くすることに使ったことになる。

ところで、「消費の減少はあまり大きくない」と述べた。

実は、日本の家計消費は、19年以来、対前年比で減少を続けてきた。10月に消費税増税が行なわれたためだ。

２人以上の世帯の実質増減率で見ると、消費支出の対前年同月比は、19年10月以降、継続してマイナスだ。10月にはマイナス４・０％、１月にはマイナス３・９％だった。そして、４月にマイナス11・１％、５月にマイナス16・２％となっていたのだ。これらに比べると、６月のマイナス1・2%は大幅改善だ。

冷暖房器具、家具、和服などの支出が大きく増加

右に見たように、消費支出は前年に比べて若干減少しているのだが、5月よりは増えている。そして、消費の内容を項目別に見ると、興味深い現象が見られる。

まず、食料はほとんど不変だ。これは、当然だろう。住居費、光熱・水道費もほとんど不変だ。

顕著に増えたのは、冷暖房器具、家具などの家具・家事用品だ。これが、2019年6月より40・0%も増えている。

また、被服及び履物費全体では1・2%の減であるにもかかわらず、和服だけは241・0%という異常な伸びを示している。

これらは、「贅沢品《ぜいたく》」といってもよいものだ。普段は買おうと思ってもなかなか決心できなかったが、思いがけず多額の給付金が政府から与えられたため、購入したのだろう。

さまざまな調査によると、エアコンや大型冷蔵庫、白物家電、そして家具の買い替えが最近増えているといわれる。また、ハイブランドの小物やアクセサリーの売れ行きも好調といわれる。

こうした傾向が、家計調査の数字でも裏付けられるわけだ。

結局のところ、「給付金の大部分は貯蓄の増加に回り、あとはエアコンや和服などの購入に充てられた」ということになる。

「給付金をもらえたのはありがたいが、これがなければどうしても生活できないというわけではなかった」というのが、勤労者世帯の平均的な感想だろう。

逆の面からいえば、収入が激減して生活に行き詰まっていた世帯を助けるために集中的に支出されたということではない。

政治的には好評だったかもしれないが、非常事態においてどうしても必要な緊急施策とは言い難い。そして、このために、12・8兆円という史上空前の巨額資金が投入されたのだ。

ボーナスが1万円減ったのだから、リーマンショック時の給付金と同じく、1人当たり1万円の給付をすればよかった、ともいえる。

そうすれば、必要支出額は12・8兆円でなく、1・3兆円で済んだはずだ。それによって、10兆円以上という巨額の財政支出を節約できたはずだ。

それは、本当に困窮している世帯の救済に充てられるべきだった。あるいは、ワクチンの開発資金に投入されるべきだった。

会社によって守られている

右に「ボーナスが2019年に比べて減ってはいるが、1万円程度の減だ」と述べた。これは勤労者世帯の平均であり、収入が激減している業種では、状況はもっと厳しい。その代表が航空会社だ。全日本空輸（ANA）も日本航空（JAL）も、今夏の一時金は例年の半分程度だと報道されている。

ANAの4～6月の国際線の旅客数は前年同期比96・3％減、国内線も88・2％減だ。20年4～6月期連結決算は、最終利益が1088億円の赤字だった（前年同期は114億円の黒字）。JALでは、国際線の9割、国内線の7割が運休・減便している。こうした状況を考えると、ボーナス半減もやむをえないといえる。

あるいは、あえてつぎのようにもいえる。旅客数が激減している中でもボーナスが支給されるのは、ボーナスが実際には生活給である日本の実情を考えれば当然とはいえ、原始的資本主義の原則から見れば、不思議なことだ。日本の大企業の従業員は、危機的な状況においても、「会社」によって手厚く守られていることが分かる。

収入激減に直面する業種

航空会社以外にも、収入激減にあえいでいる業種がある。それがどんなところかは、家計調査からも推測できる。

家計調査における支出項目のうち、減少が著しいのは、つぎのものだ（2人以上の勤労者世帯。カッコ内は、2019年6月の支出に対する20年6月支出の比率）。

・交通費（0・590）
・授業料等（0・798）
・教養娯楽サービス（0・648）
うち、宿泊料（0・494）
パック旅行費（0・173）
月謝類（0・708）
他の教養娯楽サービス（0・783）
・交際費（0・759）
うち、食料（0・676）（これは、外食とほぼ同じと考えられる）
教養娯楽（0・429）

交通費の減少は、タクシー会社やタクシードライバーに深刻な影響を与えている（ここで見ているのは、個人の交通費の減少だ。この他に、法人支出の減少がある）。

宿泊費、パック旅行費の激減は、宿泊業や観光業に深刻な影響を与えている（ここで見ている個人の支出減に加え、外国人観光者がほとんどゼロになっている）。

月謝類や教養娯楽、外食への支出の激減は、こうしたサービスを個人事業者やフリーランサーとして提供している人たちの収入の減少をもたらしている。

こうした業種では、収入が2割減、3割減、あるいは半減、9割減といった状態になっている。先に見た勤労者世帯の収入源とは、減少の度合いがまるで違う。

こうした業種であっても、企業（とくに大企業）の従業員である場合には、先に見たように、少なくとも現状では、会社がバッファーになって保護してくれている。

しかし、零細企業や個人事業者、あるいはフリーランサーの場合には、そうしたバッファーがない。売り上げの減少は、個人の収入減につながる。政府の救援策は、こうしたところにこそ集中すべきだ。

いま特別定額給付金の反省が必要

外出自粛や営業自粛による影響は、立場によって非常に異なる。

ところが、10万円の特別定額給付金は、すべての国民を対象にした一律の給付だ。このために、以上で述べたような問題が生じたのだ。

政府も当初は、所得が減少した世帯を対象とする給付金を行なう予定だった。リーマンショックの際に、国民1人当たり1万2000円の定額給付金が配られ、「ばらまき」との批判があったことを考慮した結果だ。

そして、2020年4月7日に「減収世帯に30万円の給付」を閣議決定した。

ところが、その政策が補正予算に計上されたあとになって、急遽《きゅうきょ》、一律の給付金に転換した。公明党からの強い要求に安倍晋三首相が屈したのだと報道されているが、方針転換を正当化する合理的な理由が何であったのかは、いまに至るまで政府によって明確に説明されていない。政治力学で決定されたとしかいいようがない。

一律の給付金に要する財源は、12・8兆円程度であるといわれる。単一施策としては、史上空前の規模だ。それほど巨大な支出が、確たる根拠なしに決められたことになる。

当初のプランだと所得減の審査に時間がかかり、緊急の必要に間に合わない、ともいわれた。しかし、一律の給付金に転換しても、給付が迅速に行なわれたわけではない。

この当時の状況を考えると、政策を精細に検討する時間的余裕がなかったのは事実だ。私自身も、当初の30万円プランは、容易に悪用できるので問題だと考えていた。

しかし、前記のような状況が明らかになったいま、政策の在り方に関する十分な反省が必要だ。

救済が必要な人々をどう識別するか

給付金の対象を、本当に困っている人々に絞るべきだ。これが正しいことは間違いない。問題は、それらの人々を識別するのが難しいことだ。

所得減少の証明は、真面目に対処しようとすれば大変難しい（とくに確定申告の作業前の段階では）。「所得が減少した人に30万円の給付」という当初案の問題は、ここにあった。

しかし、「識別できないから、一律給付」というのでは、あまりに安易だ。右に指摘したことは、まさにそのことを示している。

これに対処するのは極めて難しい。簡単な答えがあるわけではない。

1つの方法は、現金給付から実物給付（とくに衣食住と医療）に重点をシフトさせることだ。ただし、その場合には、失業給付や生活保護との整合性が考慮されなければならない。

コロナの問題は、これまでで終わったわけでは決してない。第2波、第3波がありうる（いまはその途上なのかもしれない）。これまでより強い営業自粛を要請しなければならない場合もありうる。その場合にどう対処するかを、いまから考えておく必要がある。

2 観光に補助があっても通院の交通費に補助はない

東京除外での実施は恣意的で曖昧な線引き

「ＧｏＴｏトラベルキャンペーン」に対しては、多くの批判が集中した。とくに、「東京から地方の観光地に来る人が地方に感染を広げる。地方では高齢者が多く、医療施設も十分でないから心配だ。また、地方の人が東京に行けば感染する」という批判が強くあった。

それに対して政府は、対象から東京都を除外して２０２０年7月22日から同キャンペーンを実施した。正確には「東京都を目的にした旅行」と「東京都に居住する人の旅行」が対象外とされた。しかし、この措置には疑問が多い。

第１に、なぜ東京だけを除外するのか？　感染が広がったのは東京だけではない。大阪でも東京近郊県でも広がっていた。そうした地域と東京を区別する理由があるのだろうか？

第2は、「目的地」ということの意味だ。東京以外を目的地にして東京を経由することは許されるのか？　これについては、首都圏近郊の人が東京都内を経由して旅行する場合は補助対象だと説明された。しかし、それは東京への旅行と同じではないのか？

第3は、「東京都に居住する人」ということの意味だ。仕事や通学で毎日のように東京を訪れている人は多い。感染の可能性という点では、これらの人々と東京に居住する人は大差がないのではないか？

以上で述べたのは、小学生でも疑問に思うことだ。そうした初歩的な疑問を抱えたままで見切り発車したのだ。

地方への感染拡大の可能性残る

ところで、以上の点は、「旅行に行きたいと考えていたのだが、補助の対象とならないことになったので不公平だ」という立場から問題とされた場合が多い。東京都民が補助を受けられないのは不公平だし、「線引きが恣意《しい》的で曖昧なので、補助の対象になるかどうかで不公平が発生する」ということだ。

確かにそうした問題はあるだろう。しかしもっと大きな問題は、東京除外措置によって感染拡大を防止できるかどうかだ。

例えば、首都圏近郊にいる人が羽田まで来て、そこから九州に行く場合に、東京を通れば感染する危険があるし、県内に帰ったあと、そこで感染を広めてしまう可能性がある。また、埼玉県に住んでいて感染している人が旅行して、地方で広める可能性もある。

だから、政府のプランで、感染拡大を防止することはできない。これは屁理屈を言っているのではない。命にかかわる重大問題だ。

「ＧｏＴｏトラベルキャンペーン」には１兆６７９４億円が投じられる。これはあとで述べる医療関係の予算措置の半分に近い。直ちには納得できないほどの巨費だ。それを認めたとしても、感染拡大が懸念されるときに観光のための移動を促す政策が必要だろうか？

もともとＧｏＴｏキャンペーンは、新型コロナが終息したあとに観光業を振興するために提案されたものだ。現在が「コロナが終息したあと」とは、とても考えられない。そうした時期に強行しても、大きな効果は期待できないだろう。それによって感染が地方に拡大してしまった場合には、逆効果になる。

高齢者や基礎疾患を持つ人は怖くて出歩けない

７月以降の感染者（陽性者）増加は、検査数を増やしたためだと説明されている。ということは、感染しているのに自覚しないで歩き回っている人が多いことを意味する。実際の感染者数が公表数よりずっと多いだろうとは、前から指摘されていた。実際にそうであることを数字が示しているわけだ。

若年者には、仮に感染しても重症化する危険はないと考えている人が多い。このため、行動規制で自分たちが犠牲になっていると考えがちだ。

すべての若者がそう考えているわけではないだろう。しかし、そうとしか思えない人がいるのも事実だ。「会合で乱痴気騒ぎして感染が広がった」というニュースに接すると、その感を強くする。

高齢者や病気の人、基礎疾患を持っている人は、安心して出歩けないことになる。だから、地方在住でなく、東京に住んでいても（あるいは東京に住んでいるからこそ）ＧｏＴｏキャンペーンで人の移動を促進することには、神経質にならざるをえない。

ＳＮＳには、「ＧｏＴｏキャンペーンをやめてください」というメッセージが広がった。しかし、それでも高齢者の声を十分に反映したとは言えない。高齢者はあまりＳＮＳで発信しないからだ。もし高齢者が声を出したら、ＧｏＴｏキャンペーン反対はずっと多くなっただろう。

通院の交通費はなぜ補助されないのか？

高齢者は感染したら命にかかわるので、極力外出を控えている。しかし、どうしても外出しなくてはならない場合がある。それは病院に行く場合だ。

それにもかかわらず、感染を恐れて受診を控えている人が多い。歯科医の定期検診を先延ばしにしている人も多い。その結果、患者数が減少し、医療機関の経営が大きな打撃を受けた。これは、観光業の収入減と形式的には同じ問題だ。

苦しんでいるのは観光業界だけではない。医療機関も、通いたいが怖くて通えない患者も苦しんでいるのだ。患者数が減ったために、経営体制を見直し、医師との雇用契約を打ち切る病院が出てきた。

これに対して、政府は病院の診療報酬を引き上げるなどの対策を打ち出した。また、第2次補正予算では、医療機関への支援として3兆5000万円を計上した。

ところで、通院が怖いのは、院内感染のためだけでなく、通院の途中が怖いことにもよる。そして、病院が近いところにあるとは限らない。電車は怖いが、かといってタクシーだと費用がかかる。だから通院を控えてしまうということになる。

通院のための交通費は、形式的に見れば、観光旅行の交通費と同じものだ。しかし、それには補助はなされていない。所得税の医療費控除で認められるだけだが、タクシーの料金は、急を要する病状の場合や、公共交通機関が利用できない場合など、特別な理由がないかぎり対象にはならない。また、自家用車で通院する場合のガソリン代、駐車場利用料、有料道路利用料も、医療費控除の対象にならない。

観光のための交通費が補助される(注2)のに、どうして通院のためのタクシー代は補助されないのか？　通院のための交通費より観光のための交通費のほうが重要であるとは思えない。もし通院費用が補助されるなら、無理して通院を控える必要がなくなり、患者のためになるだけでなく、患者数減少に苦しむ医療機関のためにもなる。

観光業振興も必要だが、高齢者が安心して医療サービスを受けられる条件整備も必要だ。

（注2）旅行代理店を通じて宿泊と交通機関がセットになったプランを申し込めば、セット代金全体が割引の対象になる。

3 日本にも忍び寄るコロナ「悪魔の戦略」

急ぎすぎた経済再開で感染者が増加

一時減少した新型コロナ感染者数が、7月になって再び増えた。東京都だけでなく、大阪府などでも増えた。

検査数が増えているからだというのだが、それだけが原因とも思えない。感染者の大多数が若年者だというが、高齢者も増えている。

外出規制や営業自粛などを緩和したために感染者が増加したことは、ほぼ明らかだ。経済再開を急ぎすぎたアメリカやヨーロッパで起こったのと同じことが、日本でも起きたのだ。

だから、人と人との接触をできるだけ回避すべきだ。実際、東京都の小池知事は、「7月の4連休は、とくに高齢者や持病のある方々はできるだけ外出を控えてもらいたい」と呼びかけた。

医療供給体制も、少し前には問題ないといわれていたが、楽観できない状態になりつつある。総じて、現在の事態は放置できないとのメッセージが、さまざまなところから発せられている。

政府は感染拡大に無関心になった

ところが、小池知事は、自粛要請をしようとする姿勢は見せていない。

6月2日に東京アラートを発出して警戒を求めたものの、9日後の同11日にはアラートを解除し、翌日にカラオケ店など遊興施設への休業要請を解除した。19日には接待を伴う飲食店への休業要請も解除した。7月2日「都内は『感染拡大要警戒』の段階にある」と呼び掛ける一方、現時点での休業要請などの措置には否定的な姿勢を示した。4月頃とは大きな違いだ。

政府は、現時点で緊急事態宣言の再発令には消極的だ。医療供給体制に余裕があるためとしている。菅義偉官房長官は7月10日の記者会見で、「直ちに緊急事態宣言を発出する状況に該当するとは考えていない」と重ねて述べた。

その半面で、緊急事態宣言を全国で解除した5月25日以降、段階的に自粛要請を緩和し、社会経済活動を引き上げてきた。6月19日に、都道府県境をまたぐ移動の自粛要請を全国で解除した。イベントやコンサートの会場では、1000人を上限に観客を入れることを認めた。7月10日からは、上限を5000人に緩和した。さらに、これまで無観客としてきたプロスポーツについても、5000人まで観客を入れて試合を行なえるようにした。

このように、経済行動を規制しようとする動きはほとんどなく、逆に、緩和の方向に動いている。しかし、だからといって、安心して出歩いてよいとの保証があるわけではない。これでは、「政府は、感染拡大に無関心になった。国民を見捨てた」といわれても仕方がない。

財源がないから自粛要請できない

なぜ行動規制や営業自粛要請に消極的なのか？「それらが必要ないから」というわけではない。「4、5月に行なわれたような規制を繰り返すのは犠牲が大きすぎる」といわれる。しかし、経済再開を急ぎすぎて手遅れになれば、もっと大きな犠牲が求められるだろう。

実際には「必要なのだが、休業補償のための財源がないからできない」というのが最大の理由だ。これは、東京都の場合は明らかだ。東京都は、新型コロナウイルス対策に、休業要請に応じた店への助成金など1兆820億円を充ててきた。しかし、財源となった財政調整基金が、3月時点の9350億円から7月時点の807億円まで大幅に減少した。日本の制度では、地方自治体ができることには限度がある。

しかし、この点において、国は地方と異なる立場にある。国はやろうと思えば、国債発行によっていくらでも財源を調達できる。国がこれ以上の財政支出に消極的なのは、これまでの巨額の支出に恐れをなして、思考停止に陥っているからだ。

高齢者を見捨てたスウェーデンでは死亡率が著しく高い

右に「政府は国民を見捨てた」といったが、これは正確でない。正確には、「高齢者と基礎疾患保有者を見捨てた」というべきだ。なぜなら、若年者は、新型コロナに感染しても軽症で済む場合が多いからだ。

高齢者と基礎疾患保有者を見捨てるという考えは、ある種の合理性を持つものだ。仮に個人の尊厳という考えを一切捨て去り、人類全体、あるいは国家全体の存続可能性だけを目的とするなら、これが最も効率的な方法だからだ。これについては、第3章の1で述べた。

そこで述べたように、このような考えを実際に採用した国もある。それが、スウェーデンだ。都市封鎖をせず、「集団免疫」の獲得を目的とした。これは、人口の6割以上が自然感染して抗体を得れば、ウイルスに打ち勝つという戦略だ。しかし、この戦略がもたらしたものは、著しく高い死亡率だった。

しかも、死者の9割は70歳以上だ。それにもかかわらず、集中治療室に運ばれた患者のうち70歳以上は約22％、80歳以上は3・5％しかいなかった。つまり、高齢者の多くは、集中治療室に運ばれずに死亡したのだ。これは、医療崩壊を防ぐために、「高齢患者をむやみに病院に連れて行かない」とのガイドラインがあったからだといわれる。「命の選別」が行なわれたわけだ。

第3章の1「高齢者を見捨てる『悪魔の戦略』を取らぬと約束できるか?」で述べたように、悪魔の戦略の考えが、日本で徐々に広がっているように思えてならない。

政策の見直しでできることは多い

地方自治体の場合、「営業自粛要請が必要なのだが、財源がないからできない」というのは、厳然たる事実だ。こうした事実を前に、「だからできない」というのではなく、知恵を絞ってさまざまな方途を探るべきだ。

その1つは、風俗営業法や食品衛生法などを感染拡大防止に使う方針だ。営業自粛を要請するのではなく、必要な対策を取らない店を処罰する。7月24日には、警視庁が風俗営業法に基づき、新宿や池袋のホストクラブやキャバクラなどへの立ち入り調査を実施した。

こうした方法は、経済的観点からすれば、「少ない財政支出で目的を達成する」という意味で、正当化できるものだ。これが法律的な観点から正当化できるものか否かの検討が必要だろう。

また、全国一律でなく、特定の場所だけに限った営業自粛要請を行なうことも考えられる。東京の場合、感染が拡大しつつある地域や業種はかなり特定できている。だから、こうした地域に営業自粛要請を限定化すれば、補償を行なったとしても、財政支出を抑えることが可能だろう。

無駄な支出をやめにしよう

もう1つは、これまで行なわれた政策の検証を行ない、それを参考にして今後の政策を効果的なものとすることだ。

例えば、12・9兆円という巨費を投じて行なわれた特別定額給付金がもたらした結果だ。本章の1で見たように、勤労者世帯の実収入が、これによって対前年比で大きく増えた。勤め先からの経常収入も減らないため、それに特別給付金が上乗せになって、このような結果となったのだ。つまり、勤労者世帯を平均値で見るかぎり、特別定額給付金は、「収入の減っていない世帯の収入をさらに増やした」という結果をもたらしたことになる。平均値で判断するかぎり、特別定額給付金の支給は過剰だったといわざるをえない。収入の状況にかかわりなく一律に給付したため、このような結果となったのだ。

10万円定額給付に先立って決められていた30万円給付案は、約1300万世帯を対象にしたもので、約4兆円の支出が想定されていた。ところが、10万円定額給付に変更したために、費用は12兆8803億円となり、9兆円近い増加となった。これは、東京都のコロナ対策費の8倍を超える。仮に10万円定額給付の「過剰支出」を取りやめにして東京都に回すことができるなら、これまでの対策費の8倍を支出することができる。このように、これまでの政策の評価を行ない、その結果に基づいて、財源を効果的に用いる見直しが必要だ。

最後に必要なことは、無駄なことや感染を拡大する危険があるような事業には、財政支出を行なわないことだ。

前者の典型が、布マスクの配布だ。後者の典型が、「ＧｏＴｏトラベル」だ。感染が拡大しつつあるにもかかわらず、見切り発車した。その後もキャンセル代を国が補償するなど、迷走を続けた。

最も理解できないのは、「観光業者を救済することが必要なら、直接に補助すればよいものを、なぜ旅行を促進することで助けようとするのか？」ということだ。「ＧｏＴｏトラベル」は、さまざまな意味で、観光業のためにはならないのではないだろうか？　事業の委託先に委託料を支払うことが目的ではないかとさえ思えてくる。

第5章

財政支出増でインフレにならないか？

1 コロナ関連支出をどのようにファイナンスするか？

財源は国債で調達

コロナ対策施策の財源は、どのように調達すべきか？

通常の場合であれば、まず増税が考えられる。

しかし、コロナ下経済の現状を考えると、増税はとても不可能だ。また、増税をするとマネーを民間から吸い上げてしまうことになるので、2で述べる見地から見ても不適切な方法だ。

したがって、財政赤字を拡大することによって支出を賄うしか方法はない。これは、政府が国債を発行して資金を調達するということだ。政府は負債を増やすことによって資金を調達し、その資金を支出する。

国債は市中消化される。つまり、金融機関をはじめとする民間の主体が購入する。国が金融機関から借り入れることで支出をするのだ。

しかし、こうすると、増税の場合と同じように、マネーを民間から吸い上げてしまうことになる。そして、金利の上昇をもたらす可能性がある。現在のようにマネーの不足が問題である場合には、これは望ましい方法とはいえない（なお、「マネー」の正確な定義は、本章の2で行なう)。

国債発行が急増しているが、中央銀行の購入で長期金利は低下

第3章の4で見たように、2020年度第1次補正予算における国債発行増は、約26兆円だ。当初予算で予定されていた国債発行額32兆円と合わせると約58兆円だ。

当初予算と第1次補正、第2次補正を加えた20年度全体では、国債発行額は過去最大の90・2兆円に上り、公債依存度は56・3%になる。

このように大量の公債発行を放置すれば、金利が上昇する。そこで、長期金利の上昇を抑えるために、中央銀行が国債を購入することとしている。

アメリカでは、20年3月23日、連邦準備制度理事会（FRB）が、大型経済支援策の第2弾において、国債を無制限で購入するとした。この結果、総資産が、3月の1カ月間に1兆6500億ドル（約176兆円）増え、残高が日本銀行や欧州中央銀行（ECB）のそれを上回った。

このために、金利は下落した。アメリカ10年国債の利回りは、2月6日には1・655%

だったが、その後顕著に下落し、3月9日には0・487%になった。その後も、0・5%程度の水準で推移している。長期金利はインフレ率を下回る。これは、「金融抑圧」と呼ばれる状態だ。

金利が上昇すると国債発行に支障が生じるのだが、その懸念は取り除かれたわけだ。

日本銀行も、3月16日の金融政策決定会合で、積極的な国債買い入れを決定した。そして、4月27日の金融政策決定会合で、年80兆円をめどとしている国債購入額の上限を撤廃し、必要な量を制限なく買えるようにした（もっとも、本節の最後で述べるように、つい最近の実際の購入額は80兆円をかなり下回っていた）。

この結果、日本の10年国債の利回りは、3月19日以降は0%程度となって安定している。

国債で財源調達するメカニズム

通常の時期において、財政支出の財源調達は、つぎのように行なわれる。

社会保険などの移転支出を賄う場合を考えると、年金の場合は、保険料を主たる財源として年金を支給する。財源は有限だから、支出もその範囲に抑えられる。生活保護の場合には、税金を財源とする。この場合も財源が有限だから、支出は有限だ。

では、支出を国債発行で賄うこととすればどうか？　この場合のメカニズムを図表5－1で

図表5-1　財政赤字のファイナンス

1. 政府が国債を発行、金融機関が購入

政府＋日銀		金融機関	
A	L	A	L
政府預金増	国債増	国債増	
		他資産減	

2. 日銀が金融機関から国債を購入

政府＋日銀		金融機関	
A	L	A	L
政府預金増	国債増	日銀当座預金増	
国債増	日銀当座預金増	他資産減	

（注）A は資産、L は負債

説明しよう。

まず、国債を民間銀行が購入する場合を考えよう。図表5－1の1に示すように、国が発行した国債の代金は、政府が日銀に持つ当座預金に振り込まれる。政府は、それを用いて財政支出を行なう。

コロナの給付金も、政府当座預金から支払われる。受取者はこれを銀行に預金する。

預金はマネーなので、マネーが増加することになる。これは、国が銀行から借りて支出するのと同じことだ。

ところが、国債発行額が増えれば、金利が上がる。だから、無限には借りられない。支出を無限に増やすことはできない。

しかし、日銀が国債を買い上げれば、長期金利の上昇が抑えられる。つまり、あまり大きな問題を起こすことなく、大量の国債発行が可能となる。事実上、無限に国債を発行し、無限の財政支出を賄えるのだ。

マネーが増加するメカニズム

では、日銀はなぜ無制限に購入できるのか？　そのメカニズムは、つぎのようなものだ。

（1）政府は国債を発行し、銀行が購入する。政府のバランスシートの負債側で国債が増える。代金は、政府が日銀に持つ政府当座預金に振り込まれる。

金融機関は、他の資産を売却することで、国債を購入する（以上が、図表5－1の1）。

特別定額給付金の場合は、受給者が指定した銀行預金に、地方公共団体が振り込む。政府は地方公共団体に政府当座預金から振り込む。ここまでは、前項で説明した。

（2）銀行は国債を日銀に売却する。すると、日銀の負債側で銀行が保有する当座預金が増え、資産側で国債が増える。

政府と日銀を合わせて考えると、政府の負債である国債と日銀の資産である国債は、相殺される。

金融機関のバランスシートでは、資産側で国債が減り、同額だけ日銀当座預金が増える（以上が、図表5－1の2)。

こうして、以上のプロセスの結果は、最終的にはつぎのようになる。

・国民の預金(国民の資産)が増える。

・銀行が日銀に保有する当座預金(日銀の負債)が増える。

つまり、中央銀行の負債を増やすことによって、国民が持つ預金を増やしたのだ。

国民が持つ預金はマネーだから、マネーが増えたことになる。

このような帳簿上の操作だけで、日銀は民間から国債を買える。だから、いくらでも購入できるのである。こうした方法で国債を購入できるのは日銀だけだ。これは、「マネーの魔術」ともいえる方法だ。

コロナ期の資源配分:需要超過にはならない

以上のような財政運営を行なう場合に誰もが心配するのは、そんなことをしたら、インフレになるのではないかということだ。

平常時には、そうなる危険がある。例えば、公共事業を増やせば、それだけ需要が増える。

しかし、コロナ関連支出の場合には、そうはならないのである。

なぜか？　給付金が支払われれば、消費が著しく落ち込むのを防ぐことができるだろう。ただし、それができても、消費は、供給能力に比べて依然過小だろう。したがってインフレが起こることはないだろう。

ネットの需要を増やさない点で、コロナ給付金のケースは特殊だ。この点が最も重要なのだ。なお、マネーが増えたのに物価が上がらないのだから、貨幣数量説でいえば、流通速度が変化することになる。これについては、本章の2で説明する。

ＭＭＴと違う

右のプロセスは、「財政ファイナンス」と呼ばれる。

また、見かけ上は、「ヘリコプターマネー」といわれる政策や、ＭＭＴ（現代貨幣理論）の論者が主張しているのと同じものだ。

しかし、その実態は、ＭＭＴが主張するものとは違う。ＭＭＴは財政赤字を常態化させる政策だが、いまは臨時の財政支出だからだ。

「ヘリコプターマネー」やＭＭＴの論者が主張するのは、平時において、需要喚起などを目的としてこの操作を行なう。しかし、コロナ関係の財政支出は、需要が激減する異常時に行なわれるものだ。しかも、継続的な政策ではなく、臨時的なものだ。

財政ファイナンスは、通常の経済では望ましいものではない。しかし、いまは緊急なので、こうした運営が認められる。需要が落ち込んでいる状態での1回限りの施策だからだ。

首を斬られるとき、ヒゲの心配をする政府

以上で見てきたのが、新型コロナウイルスの感染拡大が続く局面の金融財政の基本的な形だ。コロナ期においては、財政金融政策に平時の硬直的思考法を延長してはならない。従来とはまったく異なる発想が要求される。

日本政府は、これまで中長期的な財政バランスを実現するとしてきた。そこで指標としたのは、「プライマリーバランス（基礎的財政収支）」だ。これは、収入から国債収入を除いた金額と、支出から国債費を除いた金額のバランスを見たものだ。

しかし、いま問題になっているのは、財政赤字をどこまで拡大できるか、それが金利にどう影響するか、国債費がどうなるか、ということだ。これは、プライマリーバランスの問題ではない。それには含まれない、国債発行額と国債費が問題だ。コロナ期の急激な財政赤字拡大で問題となるのは、プライマリーバランスには含まれない、国債発行額と国債費なのだ。

ところが、麻生太郎財務相は、「コロナ期でもプライマリーバランスを考えなければならない」とした。これは、平時の財政健全化にとらわれた考えといわざるをえない。

財政健全化は、平時において重要な目標だ。これと緊急時の対応を混同してはならない。財政の健全性は、中長期的な観点から必要とされることだ。現在のような異常時にそれにこだわり、納税猶予や休業補償を中途半端なものにすれば、経済が立ちいかなくなる。

黒澤明監督の映画「七人の侍」で、野武士の襲撃から村を守るため、侍を雇おうとする提案を村人たちで協議する場面がある。「娘が心配だ」という声があがる。長老は一喝した。

「野伏せり来るだぞ！　首が飛ぶっつうのに、ヒゲの心配してどうするだ！」

いまの日本政府の指導者たちは、ぜひ、この言葉を思い出してほしい。

日銀は長期国債でなく短期国債を購入している

すでに述べたように、日銀は２０２０年４月27日の金融政策決定会合で、国債を制限なく必要な量を購入するとした。

では、その実情はどうだろうか？

日銀が保有する国債残高の対前年同月増減額を見ると、図表５‐２のとおりだ。長期国債は15～16年頃には80兆円程度にまで増加したが、16年秋から減少し始め、19年11月からは20兆円を割り込む水準にまで低下していた。

「量的緩和政策」といわれていたものの、その実態は大きく変化していたのだ。20年３月から

図表5-2　日銀の国債保有状況（対前年同月増減）

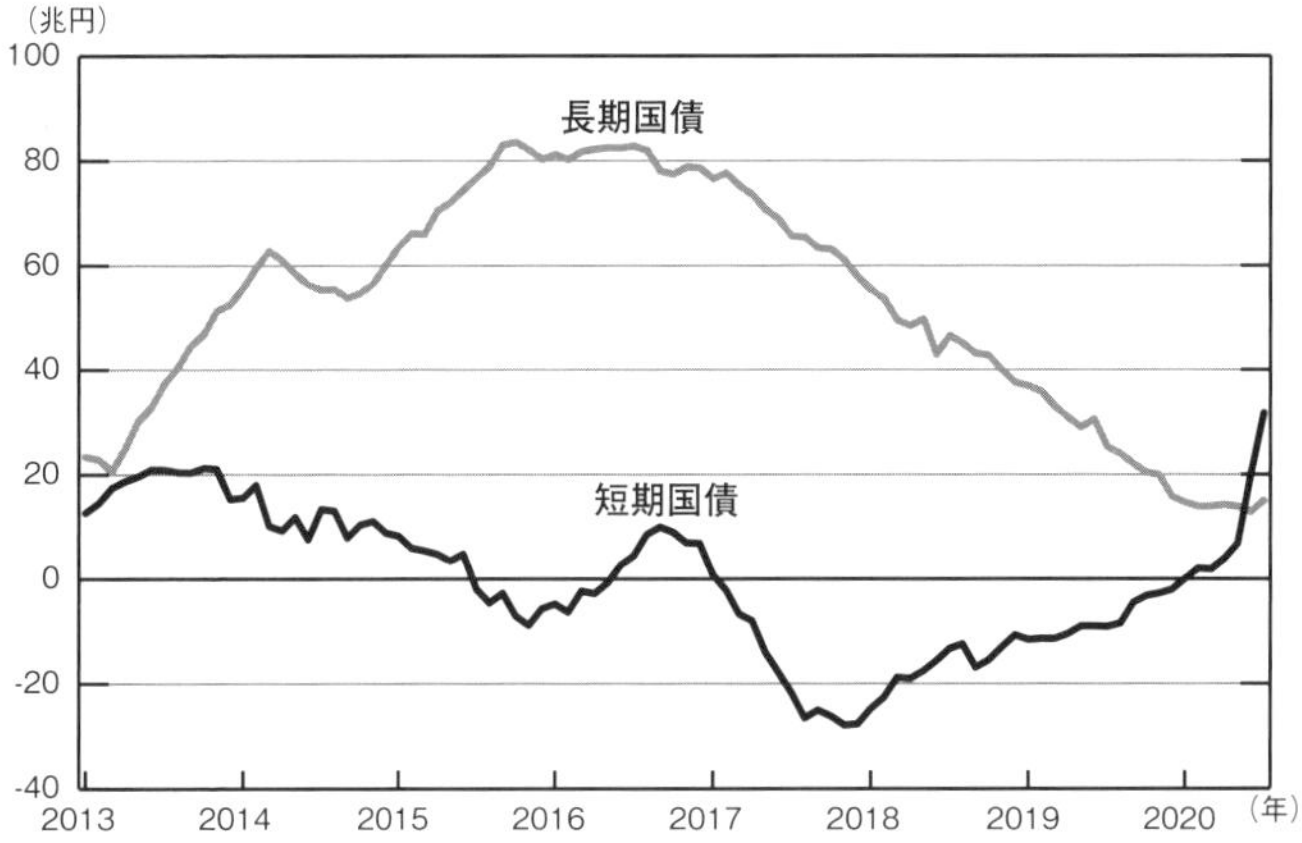

（資料）日本銀行

下げ止まったが、対前年比増では12兆～15兆円の水準で推移している。

コロナ下の財政支出増に対応して増えたのは、短期国債である。

17年から19年までは対前年同月比で短期国債は減少が続いていたが、20年になってから急増し、6月からは長期国債の増加額を上回るようになっている。7月では31・7兆円であり、長期国債の15・0兆円の倍以上になっている。

これによって、短期国債の残高は、3月の12・4兆円から7月の42・2兆円へと約30兆円増加した。

つまり、これまでのところ、コロナ関係の財政支出は短期国債の日銀購入によって賄われてきたといえる。

このように、日本の場合には長期国債市場に影響を与えない形でファイナンスが行なわれてきた。

だから、長期金利が上昇することもないし、中央銀行の政策で下落することもなかった。

日本の10年国債金利は、16年1月29日にマイナス金利政策が導入されて以降、ほぼゼロ%の近傍なので、(注1)これ以上に低下させることは難しい（20年8月7日で0・011%）。イールドカーブの形状からいって、もしこれよりさらに引き下げようとすれば、短期金利のマイナス幅をさらに大きくする必要があり、それは金融機関の収益をさらに悪化させるので、不可能だろう。

（注1）ただし、トランプ大統領が3000億ドル分の中国製品に19年9月1日から10%の追加関税を課すとツイートしたことなどを契機に、マイナス0・2%を下回ったことがある。

2 いまはマネーが必要

いま必要なのは「利益」ではなく「マネー」

財源調達法の是非を評価するには、経済全体の観点から考える必要がある。

そこでとくに重要なのは、いまマネーが必要とされているという事実だ。

新型コロナウイルス感染拡大防止のため、営業自粛が要請された。つまり、現在の経済の基本的状況は、経済活動のかなりを半強制的に止めたということだ。すると、売り上げが急減するので、支払いができない場合が発生する。支払いに必要なのは、「マネー」だ。

「マネー」とは、誰もが受け入れる支払手段のことだ。日本でいえば、日銀券と銀行預金がそれになる。正確にいうと、この他に政府貨幣（コイン）があるが、以下の議論では無視する。

これらが手元にあれば、債務を支払うことができる。しかし、手元にマネーがなければ、利益がある優良企業であっても支払うことができない。債務不履行に陥り、倒産する危険がある。

右の意味での「マネー」は、「マネーストック」とも呼ばれる。どの範囲の預金までを含めるかにより、M1、M2、M3などの概念がある。

これと似た概念として、「マネタリーベース」がある。これは、日銀券と日銀当座預金とからなる。

「マネー」は、金融部門（日銀と民間銀行を合わせたもの）の負債であり、「マネタリーベース」は日本銀行の負債だ。

「マネタリーベース」のうち日銀券は支払い手段として用いることができるが、日銀当座預金は民間経済主体が支払いの手段として用いることはできない。マネタリーベースのうちこの部分は、マネーではない。

日銀当座預金が引き出されて貸し出しに用いられたとき、マネーになる(なぜなら、貸し出しと同額の預金が発生するから)。この意味で、「マネタリーベース」とは「マネーのモト」なのである。

ところで、「マネタリーベース」と「マネー」はしばしば混同される。

図表5－1では、政府が財政支出を増加させる場合を考えたので、マネーが増加する。しかし、日銀が民間銀行の保有する国債を買い上げるだけでは、日銀当座預金が増えるだけだ。この場合には「マネタリーベース」が増えるだけであって、「マネー」は増えない。

本章の5で述べるように、異次元金融緩和で巨額の国債を買い入れたことによって、「マネタリーベース」である日銀当座預金は増えたが、「マネー」である預金は目立って増えなかった。この意味で、異次元金融緩和は「空回り」したのである。

緊急融資や社債の購入などでマネーを増やせる

では、事業主体がマネーを増やすには、どうしたらよいか？

第1の方法は、事業主体が銀行から借り入れを行なうことだ。コロナ下では、公的金融機関などから緊急融資が行なわれている。

ただし、この方法は、手間と時間がかかる。なぜなら、銀行としては融資した額を回収できないと、不良債権になってしまうからだ。そこで、貸付先の財務状況などを調べて、確実に返済する能力があることを確かめる必要がある。また、不履行になる場合に備えて、担保を求める。

マネーを供給する第2の方法は、企業が発行する社債やCP（コマーシャルペーパー）を金融機関が購入することだ。

場合によっては、中央銀行が直接購入することもある。FRBは、2020年3月17日、コマーシャルペーパー・ファンディング・ファシリティー（CPFF）を再び導入すると発表した。ムニューシン財務長官は声明で、財務省の為替安定化基金（ESF）からCPFFに100億ドルの資金を提供するとした。これは、08年の金融危機時に導入したもので、計7380億ドルのCPを購入した。

CPFFの下では、FRBが発行体から直接CPを購入する。これによって、CPの発行体に流動性が提供される。CP市場は企業にとって短期資金の調達源となっているが、流動性が枯渇していたのだ。

4月9日には、FRBは、2兆3000億ドル（約250兆円）の一般企業への緊急資金供給策を決めた。このうち、一般企業向けは民間銀行を通じて6000億ドルを提供し、1年間は無利子とする。7500億ドルの資金枠を設けて、大企業などから社債の買い取りを行なう。これは、緊急融資に比べて、事業主体がより大量の金額をより迅速に調達することを可能にする。ただし、社債やCPを発行できるのは、大企業に限られる。

第3の方法は、納税を猶予することだ。納税債権は国が民間主体に対して持っている債権だから、その執行を猶予するのは、貸し付けを行なうのと同じことだ。

猶予されても、一定期間のあとには納税する必要がある。これは融資を返済しなければならないのと同じことだ。納税債権は極めて強い債権だから、審査なしに認めてもよい。また、条件を付す必要もない。

このように、納税猶予は現在のような緊急時にはマネーを増やす方法として極めて強力なものだ。実際、米英では、大規模で無条件、無申告の納税猶予が認められている。

マネーを供給する第4の方法は、中央銀行が市中から資産を買い上げることだ。しかし、それが直接に増やすのは、銀行の流動性だ。いま流動性が必要なのは、金融機関というよりは企業だ。

マネーを増やすための第5の方法は、政府が給付金を配ることだ。日本では、緊急対策として、すべての世帯に対して1人当たり10万円を給付することを決めた。東京都は、一定範囲の事業に対して休業自粛を要請し、それに対して、50万～100万円の協力金を支給することを決めた。一方、政府は「持続化給付金」を作った。売り上げが急減した企業や個人事業者に対して、100万円または200万円までを給付する。

株価支援や需要喚起は危険

経済活動を抑制している中で、どのような政策が必要なのかを判断するには、いま何が問題なのかを知る必要がある。

現在、世界経済が直面しているのは、売り上げ急減により手元の流動性が枯渇し、資金繰りがつかなくなって倒産することだ。そして、それが連鎖倒産を引き起こすことだ。だから、緊急経済対策の目的は、経済をストップさせないことに置かれなければならない。そして、そのために流動性を供給することが必要だ。

あるいは、マネーが不足しており、人々はマネーを求めているから、マネーを供給し続けることが必要なのだといってもよい。

株価支援や需要喚起は、必要ないだけでなく、危険である面もある。例えば、日本銀行が株価を支えようとETF（上場投資信託）の購入拡大を続けると、損失が膨らみ、円の信認問題にまで発展する危険がある。そうなったら大問題だ。

3 マネーが急増している

アメリカでも日本でもマネーが急増

マネーは、実際に急増している。

アメリカは、2020年3月の時点ですでにそうなった。銀行預金が3月に急増した。つまり、マネーが急増した。企業が借り入れた資金を、支払い準備のために手元資金として預金したからだ。

預金は、20年3月末で約14兆ドル（約1500兆円）と、19年12月末から8989億ドル（約100兆円弱）増えた。3月だけで7615億ドル増加した。

日本では、3月時点では目立った増加ではなかったのだが、5月に急増した。

5月のマネーストック統計によると、M2（現金、国内銀行などの預金）平均残高の伸び率は、対前年比5・11％となった。M3（M2にゆうちょ銀行など全預金取扱金融機関の預貯金を含めたもの）の伸び率は、同4・13％となった。これらの伸び率は、04年4月の現行統計開始以降の最高記録だ。

すでに述べたように、マネーが増えたのは、営業自粛などによって売り上げが急減し、企業が支払いに備えてマネー（流動性）を確保する動きが強まったからだ。そして、こうした資金需要に対応して、政府が緊急融資、納税猶予、給付金などの施策を講じたからだ。

金融機関の貸し出しの状況を見ると、つぎのとおりだ。

総貸出平残（都銀等）の対前年伸び率は、12年11月まではマイナスだった。異次元金融緩和の導入に伴って伸び率は上昇したが、それでも17年と19年を除けば、2％未満だった。

ところが、20年4月に急に3％を超え、そして5月には6・6％という高い伸び率になったのである。銀行貸出平残高（銀行・信金計）の伸び率も、5月には対前年比4・8％になった。これらの伸び率は、データが開示されている1992年7月以降で最高だ。総貸出平残（銀行・信金計）は、対前年比で25・8兆円増加した。2019年5月には約8・2兆円の増加だったのだから、かなり大きく増えたわけだ。

6月にはマネーがさらに増加

6月には、マネーの増加率はさらに顕著になった。

日本銀行が7月9日に発表した「マネーストック速報」によると、6月のマネーストック（M2）の対前年同月比伸び率は、7・2％となった。M3の対前年同月比は5・9％増だ。

マネーストックの対前年伸び率といえば、これまで2％台程度であり、高くなっても3％程度だった。異次元金融緩和で「マネーがじゃぶじゃぶ供給されている」といわれることが多かったのだが、実際にはそのような状態にはなっていなかった。コロナによって、日本経済がこれまでとはまったく異質の経済になったことが分かる。

6月におけるマネーストック（M2）の対前年同月比増加額は74・5兆円（平残ベース）だ。4月までは対前年比20兆円から30兆円の増加だったので、それに比べて、増加額が40兆円ないし50兆円増えたことになる。

マネーに対する需要は増え続けている

日銀が2020年8月12日に発表した7月のマネーストック（通貨供給量）速報によると、M2の対前年同月比伸び率は7・9％。

M3の残高は、1452・7兆円だった。対前年同月比伸び率は6・5％だった。残高も伸び率も、統計が始まって以来の最大の値を記録した。

対前月比増加率（年率換算）は、5月、6月に22・4%、27・8%という異常な高さになったあと、7月には9・7%になった。

つまり、マネーストックは、5月、6月に急増し、7月はその高原状態での増加が続いていることになる。7月の伸び率は、5月、6月ほどの高さではないが、なお、平時に比べればかなり高い率だ（20年1月までの年率換算対前月比増加率は、2〜3%程度だった）。

日銀が8月11日に発表した7月の貸出・預金動向（速報）によると、全国の銀行（都市銀行、地方銀行、第二地方銀行）の貸出平均残高は、対前年同月比6・4%増の499兆1023億円だった。地銀と第二地銀が合計で対前年同月比5・1%増の264兆2769億円と、1991年7月以来の高い伸び率だった。一方で都市銀行は同7・8%増の234兆8254億円と、6月から伸び率が縮小した。大企業が資金調達手段を社債やCP（コマーシャルペーパー）の発行に切り替えているためといわれる。

特別定額給付金の影響で個人の預金も増えている

なお、6月には、個人の預金も増えている。

これは、国民1人当たり10万円が支給された特別定額給付金の影響だ。特別定額給付金の支給は5月から開始されていたが、6月になって支給が本格化したためだ。

第4章の1で述べたように、家計調査によると、世帯員2人以上の勤労者世帯で給付金が15・1万円支給されている。他方、2020年6月の預貯金の純増は50・3万円だった。これは、19年6月の37・4万円より12・9万円（34・5％）も多い。19年6月の37・4万円がボーナス月における普通の貯蓄行動を表しているとすると、20年6月にはそれより12・9万円も多くなっているわけだ。これは、給付金15・5万円の83・2％に当たる。

つまり、多くの世帯は、特別定額給付金のほとんどを貯蓄に回し、例年より貯蓄を多くしたことになる。

右に述べたように、全国の銀行（都市銀行、地方銀行、第二地方銀行）の貸出平均残高は、対前年同月比6・4％増の499兆1023億円だった。増加額でいえば、30兆円程度だ。

他方で、特別定額給付金の総額は12・8兆円だ。6月にこの半分程度が支給され、それが預金増になったとすると、全体で6兆円ほどの個人預金増があるはずだ。したがって、前記30兆円の増加の5分の1程度は特別定額給付金の影響ということになる。

このように、特別定額給付金は、預金の増加に決して無視しえぬ影響を与えていることが分かる。

マネタリーベースも増大

日銀が2020年8月4日に発表した7月末のマネタリーベース残高は576兆3027億円となり、4カ月連続で過去最高を更新した。

平均残高は対前年比9・8%増の566兆7600億円で過去最高。内訳では、日銀当座預金が同11・0%増の448兆1294億円で過去最高を更新。伸び率は18年2月以来の大きさとなった。

このほか、紙幣は同5・8%増の113兆6847億円、貨幣は同1・3%増の4兆9459億円だった。

こうなったのは、新型コロナ対応特別オペの利用増や、国庫短期証券の買い入れ増で日銀当座預金の増勢が続いているためだ。

短期国債で賄っている

ここで、財務省の2020年6月の「財政資金対民間収支」を見よう。

6月には、一般会計の収支尻がマイナス5・1兆円と、散超になっている(散超とは、国と民間の間で生じた現金の受け払いが国から見て支払い超過の状態。その反対が揚げ超)。19年6月のプラス0・1兆円に比べると、散超幅が大きく拡大している。

これは「その他支払い」によるものだ。ここには、特別定額給付金などが含まれている。特別会計では、財政投融資の収支尻がマイナス5・2兆円と、19年6月のプラス0・5兆円から散超幅が大きく拡大している。

一般会計と特別会計を合わせると、19年より散超が約10兆円増えて、15・3兆円の散超となっている。なお、この値は、5月にも14・6兆円とほぼ同じ値だった。7月には、2・3兆円程度に縮小している。

6月は、国債の受け取り超過は、19年6月とほぼ同じ0・9兆円だ。この値は、5月には8・0兆円だった。7月には10・6兆円になっている。

それに対して、政府短期証券は、6月に39・3兆円の受け取り超過になっている。この値は、5月には16・5兆円だった。7月には17・1兆円になっている。このように、長期国債よりは政府短期証券による資金調達のほうが大きくなっている。なお、本章の1で見た日銀の短期国債保有状況は、これより約1カ月遅れている。発行されてから日銀が買うまでにタイムラグがあるからだろう。

以上の結果、財政全体では、6月に15・8兆円の揚げ超だ（昨年は3・8兆円の散超だった）。日銀が短期国債を買い上げているものの、短期金利に上昇圧力が加わっている。

なお、財政全体の揚げ超幅は、5月が9・9兆円で、7月は25・5兆円だった。

4 過剰流動性でないので、インフレにならない

流通速度が低下したため、物価は上がらない

ところで、マネーが増加すると、物価が上昇すると考えられることが多い。しかし、実際にはそうなっていない。マネーが急増したにもかかわらず、物価は上がらない。

5月の消費者物価指数（生鮮食料品を除く総合指数：コアCPI）は、対前年同月比で0・2％下落し、2カ月連続のマイナスとなった。2019年10月に消費税率が2％引き上げられているため2％程度の上昇があるのだから、それを差し引けば、マイナス2％程度ということになる。

こうなったのは、エネルギー関係の価格が大幅に下がったことの影響が大きい。ガソリンや灯油を含むエネルギー価格の下落がマイナスに寄与した。ガソリンの対前年比16・4％の下落は、16年3月以来の大きな下落幅だった。

日本の消費者物価指数の動向は、ほぼ輸入物価の動向で決まってしまう。そして、輸入物価

の動向は原油価格の動向と為替レートで決まる。このことは、コロナ以前においてもそうであったし、いまでもまったく変わらない。

貨幣の流通速度が下落

「マネーの増加が物価上昇をもたらす」との考えは、貨幣数量説をよりどころとして主張されることが多い。これは、つぎのような関係だ。

（通貨の総量）×（貨幣の流通速度）＝（物価水準）×（取引量）

ここで「貨幣の流通速度」とは、一定期間内に貨幣が受け渡しされる回数である。(注2) 仮に流通速度が一定であれば、取引量が不変な場合に通貨の総量が増加すると、物価は上昇する。しかし、流通速度は定数ではなく、状況によって大きく変化するのだ。

コロナショックによる売上高の急減に直面した企業は、支払い準備に充てるために、預金通貨の保有額を増大し、それを保有し続けている。つまり、流通速度が低下したのだ。通貨が増加したにもかかわらず、物価が下落し取引量が減少しているのだから、流通速度は大きく下落したことが分かる。

（注2）「マーシャルの k」と呼ばれるものは、貨幣の流通速度の逆数である。
つまり、k＝（貨幣の総量）／（物価×取引量）。

現状は過剰流動性ではない

現在の状況を、「過剰流動性だ」とする意見がある。

そして、「マネーが潤沢に供給されているので、それを用いて株式投資の原資にする。それが株価を引き上げる」といわれることがある。つまり、「増えたマネーは実物の取引には使われず、投機に向かう」というのだ。株高の原因は、流動性が株式投資に向かっているためだという。その意味で、現在の株価はバブル（コロナバブル）だというのだ。

第6章で述べるように、株価が実体経済に比べて著しく高水準であることは事実だ。その意味で、バブルであるといってよい。

しかし、その原因は、早期の経済再開に対する過剰な期待であり、政府の政策に対する過剰な期待だ。マネーが増えていることではない。

右に見たように、企業は支払い準備に備えて、普通預金等の形でマネーを保有している。融資を受けてそれを株式投資に充てているわけではない。緊急融資を受けた企業は、それを株式投資に回す余裕などないはずだ。

なお、インフレにならないということは、株式や不動産などの実物資産の有利性は実現しないということだ。金融機関の安全性が確保されているかぎり、銀行預金が、いま最も有利な資産になっている。

5 異次元金融緩和の無意味さを再確認

異次元金融緩和時とは大きく違う

以上で見た状況は、異次元金融緩和で起きたことと大きく異なるものだ。コロナ以前には、マネーがこのように増えることはなかったのだ。

2013年4月に導入された異次元金融緩和では、日銀は国債を大量に購入してマネーを増やし、物価を上げようとして、失敗した。それは、日銀当座預金を増やしただけの結果に終わり、貸し出しを(したがってマネーを)増やすことがなかった。

また、16年1月にはマイナス金利を導入した。この目的も貸し出しを増やすことだった。しかし、実際には貸し出しはさして増えなかった。

異次元金融緩和は、日銀当座預金を増やし、金融機関の採算を悪化させただけの結果に終わったのだ。こうなってしまったのは、マネーに対する需要がなかったからだ。マネーに対する需要がないにもかかわらず国債を購入したりマイナス金利を導入したりしても、マネーを増加させることはできないのである。

異次元金融緩和は空回りだった

異次元金融緩和措置でターゲットとして設定されたのは、国債買い上げ額（最初は年間50兆円程度、２０１４年10月の追加緩和後は年間80兆円程度）と消費者物価上昇率（年率２％を２年以内に達成）であった。

国債買い上げはほぼ目標どおりになされたのだが、物価目標はいまに至るまで達成されていない。

それは、マネーに対する需要が増えなかったからだ。日銀が国債を購入した代金は、日銀の当座預金になる。これが増加することでマネーストックが増えることが目的とされたのだが、そうはならず、単に当座預金を増やすだけの結果となった。つまり、異次元金融緩和政策は「空回り」したことになる。

日銀保有長期国債の対前年同月比増加額は、15年から16年頃には80兆円程度になったが、最近では図表5－2に見るように、大きく減少している。

異次元金融緩和のときには、日銀当座預金が増えて、預金は目立って増えなかった。ところが、いまは、日銀当座預金はあまり増えていない。

つまり、マネーに対する需要が弱いときに無理やりマネーを増やそうとして国債を大量に購入したが、マネーは増えなかった。そして、国債購入量を減らしてきたときに、マネーに対する需要が急増して、その結果、マネーが増えたのだ。これは、誠に皮肉な結果だ。

国債購入額が異次元金融緩和前の水準に戻ったいま、マネーが増加している。これは、異次元金融緩和がいかに無意味な政策だったかを再確認させるものだ。

6 コロナ後の問題にどう対処するか？

コロナ後に過剰流動性？

以上で述べたコロナ期の財政金融政策は、異常時の財政金融運営としてやむをえないものだ。マネーが急増したことがインフレを起こすのではないかと危惧する意見があるが、これは、貨幣数量説的な考えにとらわれている考えだ。実際には、本章の4で述べたように、消費者物価は上昇していない。

ただし、こうしたオペレーションは異常なものであり、また、その規模も異常な額になる可能性があるので、コロナ終息後の日銀の財務状況がどうなるかを、いまから考えておく必要がある。

第1の問題は、コロナ後の過剰流動性の危険だ。

本章の2で述べたように、現在は売り上げが急減して流動性が減ったために、企業は手元に支払い手段を確保しておきたいと考えている。つまり、マネーに対する需要が増えている。マネーに対する需要の増加に合わせてマネーの供給を増やしたために、マネーの過剰供給にはなっていない。

ところが、コロナが終息して企業の売り上げが元に戻れば、手元流動性に対する需要も減少するはずだ。売り上げが元の水準に戻れば、それによって債務を支払うことができるからだ。つまり、マネーに対する需要が減り、流通速度が上昇するだろう。それにもかかわらず、マネーの残高が残ってしまうと、マネーの過剰供給になると危惧されるかもしれない。

では、市中に流通するマネーの量はどうなるだろうか？

まず、緊急融資はいずれ返済されて、預金は縮小し、マネーは減ることに注意する必要がある。したがって、これに関するかぎり、過剰流動性にはならない（ただし、マネーに対する需要減少と融資回収のタイミングが少しずれるということはありうるだろう）。

しかし、給付金などの財政支出に起因する分は、（増税しないかぎり）元に戻ることはない。財政支出に起因するマネー増が大きければ、市中に存在するマネーの量は過剰になるかもしれない。それを何らかの方法で回収しなければ、インフレがもたらされるのではないかとの危惧を持つ人がいるかもしれない。また、資産価格バブルが起きるかもしれない。しかし、そうはならないと考えられる。その理由は、つぎのとおりだ。

「特別定額給付金」として一律10万円を支給するための事業費は、事務費を合わせて12兆8803億円だ。6月までの段階でこの半分程度が支給されたとすれば、6・4兆円になる。これ以外の給付金を含めても、10兆円程度だろう。

他方で、預金通貨の増は前述のように90兆円を超える。だから、預金増の大部分は、政府の支出というよりは、金融機関の融資の増加によるものだ。そうであれば、増加したマネーストックの大部分は、コロナ終息後に回収されて減ることになる。

特別定額給付金も、民間主体が支出すれば、預金は減る。しかし、他の主体の収入となるから、ネットで減るわけではない。ネットで減らすには増税するしかない。

累積国債の処理

第2の問題は、累積した国債の処理だ。コロナ対処のために財政支出が増大するので国債が増発され、コロナ後においては、膨大な額の国債残高が残ることになる。

その結果、まず、国債費の支払いが増加する。しかし、表面利回りは低く抑えられているので、あまり大きな問題にはならないだろう。

しかも、日銀が保有している国債に関しては、国が日銀に支払った国債費（償還や利払い）は、日銀納付金となって国庫に還流するので、財政金融当局の中だけの動きになる。つまり、ネットで見れば、政府にとって大きな負担にはならない。そうでなくとも、国債を持たない主体から持つ主体への移転なので、国全体としての資源配分に直接は影響しない。

ただし、日銀のバランスシートでは、負債で当座預金が著しく増え、資産で大量の国債を保有することになる。この状況は、異常な状態だ。とくに、金利の上昇に対して著しく不安定であるため、望ましくない状態である。

もっとも、この状態は、コロナで初めて生じるものではない。すでにそうなっている。これが、「異次元金融緩和の出口問題」といわれてきたものだ。

これをどう処理するかが、コロナ後の重要な問題である。本来であれば、膨大な国債残高を償却するために、増税が必要だ。原理的にいえば、必要なのは、富裕税（多額の資産を保有する人への課税）の創設だ。

しかし、国債残高1033兆円というのは、今年度の税収見込みの約16倍という膨大な額だ。これを増税だけで処理するのは現実的でない。いまの日本の政治家にできるかといえば、絶望的にならざるをえない。

さらに、コロナ後の社会では、経済が弱っている。倒産と失業が溢《あふ》れている可能性が高く、そうした中での大規模な増税は、政治的にほとんど不可能だ。

したがって、日銀が国債購入を続けざるをえないだろう。これがどういう結果をもたらすだろうか？

とくに考えるべきことは、これがインフレをもたらすかどうかだ。これは、コロナ後の経済の需要と供給のバランスによって決まる。

戦後の日本経済では、供給力が破壊されていたのでインフレになった。しかし、コロナ後では、失業によって消費需要の基盤が破壊されているので、そうならないだろう。

では、何もしなくても問題がないかといえば、そうではない。それについて、以下に述べよう。

日銀債務超過の可能性

コロナ後には、金利が上昇する可能性がある。現在は日銀が国債を無制限に買うことで金利を抑圧しているが、無制限購入を終了すれば、そうした抑圧は効かなくなるからだ。さらに、コロナ後の経済再開で投資等の需要が増加すれば、金利が上がる。

長期金利が上昇すれば、日銀が保有している国債の時価評価額が下落する。国債を保有し続ければ、損失は含み損にとどまる。しかし、保有国債を売却すれば、含み損は現実化し、巨額の損失が発生する。償還時まで保有しても、損失が発生する。(注3)

また、ETF等のリスク資産の市場価値が下がる可能性がある。さらに、企業の社債やCPを直接に購入した場合、それらの企業が倒産して回収不能となる可能性もある。

このように、コロナ後の日本銀行の資産は、大きく毀損する可能性がある。債務超過になる可能性も否定できない。

いままで中央銀行が債務超過になった例はないが、こうした事態はありえないものではない。

民間の企業であれば、負債の支払いを求められた際に、資産を処分して支払わなければならない。債務超過になれば、資産のすべてを処分しても負債を支払いきれないので、倒産することになる。あるいは、そうなる前に取引ができなくなる。では、日銀の場合はどうか?

（注3）日銀は将来の国債償還時の損失に備えて「利息調整額」を計上している。しかし、それだけで十分かどうかは分からない。

当座預金の払い戻し要求はあるか？

日銀は民間企業のように負債の支払いを求められるだろうか？

日銀の負債の大部分は、日銀券と、民間金融機関が日銀に持つ当座預金からなる。

このうち日銀券は、日銀のバランスシートでは負債項目とされているものの、返済義務はない。銀行券を負債として処理するのは、銀行券が償還すべき債務と考えられていた時代のなごりであろう（日銀のホームページにも、そうした趣旨の説明がある）。

現代の管理通貨制度の下では、これは時代遅れの扱いと考えられる。日銀券は、負債というよりは、むしろ民間企業の場合の資本と似た性質のものだ。

いまひとつの重要な負債項目である当座預金も、法定準備に対応する部分については、負債に計上してはあるものの、これを返却する義務はない。したがって、これについて償還の要求が来ることはない。その額は、当座預金の総額に比べればわずかだ。ただし、原理的にいえば、準備率を引き上げることによって、増大させることができる。

では、法定準備を超える当座預金はどうか？　これについては、民間の金融機関が払い戻しを求めることがありうる。とくに問題は、現在、当座預金の一部にマイナスの金利が付されていることだ。これは銀行にとって負担になる。したがって、これについて払い戻しの要求は大いにありうる。

日銀券を刷れば返却できる

この場合においても、形式的にいえば返却に応ずることは容易である。日銀券を増刷して、それを引き渡せばよいだけだ。

日銀券は法貨であるから、これによる支払いを拒むことができない。このことから、「輪転機をぐるぐる回してお札をいくらでも印刷できるので、日銀はつぶれない」といわれる。確かに、その通りだ。

日銀は、民間企業と形式的に同じような会計処理をしているために錯覚に陥るのだが、その内容は民間の場合と大きく異なる。だから、債務超過問題を、民間企業の場合と同列に論じることはできない。

紙幣を増刷すればインフレになる危険

ただし、だからといって、まったく問題がないというわけではない。当座預金はマネタリーベースであって、民間主体が決済に使えるマネーではないが、日銀券はマネーだ。だから、当座預金が日銀券になれば、マネーの供給が増えることになる。

コロナ期においては、マネーに対する需要が大きいから、マネーの供給を増やすことは問題ない。しかしコロナ後においては、マネーに対する需要はそれほど大きくならないので、マネーの大量発行がなされれば、インフレになる可能性がある。

この場合のインフレとは、財サービスの需要が供給をオーバーすることによって生じるものではなく、日銀券の価値の低下だ。

日銀券という負債に対応する日銀の資産に、価値が低下した国債と毀損したリスク資産しかないという状態になる。そのような日銀券の価値が、他の通貨（例えばドル）との比較において低くなってしまうことは十分ありうる。

付利が必要となり、日銀の負担が増加

ところで、物価が上昇している局面で金利が上昇しないと、実質金利はマイナスになる。すると、投機を引き起こしてしまう。だから、例えば物価上昇率が2％になれば、短期金利も最低2％程度に引き上げる必要がある。

短期金利を2％にするためには、現在のマイナス金利を解除するだけでなく、超過準備に対

して最低2%の付利をする必要がある。なぜなら、付利が低いままだと、当座預金が取り崩されて貸し出しに回されてしまい、投機資金を供給することになるからだ。

プラスの付利の支払いは、日銀にとっての負担になる。それがどの程度の規模の負担になるかは、コロナ後の短期金利の水準がどの程度になるかによる。だから、現時点では何ともいえない。

ただし、増大した付利の支払いが膨大なものになり、日銀の収支が悪化する危険は十分にある。これにどう対処するかが、コロナ後における重要な課題となるだろう。

マネーへの信頼を維持することが最も重要

政府と日銀の間の操作によってマネーを無限に作り出せるのは、まさに「マネーの魔術」ともいえる方法だ。

マネーは誰もが信用するものだ。なぜこのようなことが可能なのか？　それは国家と中央銀行が存立し続けるだろうと、すべての人が信じるからだ。

しかし、中央銀行の資産が毀損すれば、この信頼は揺らぐ。日本銀行は巨額の資金を投入してＥＴＦを購入し、株価を支えている。しかし、株価が下がれば、購入したＥＴＦの資産価値は下落し、日銀への信頼性が揺らぐ。

そうなったら、以上で述べたすべてのことは成り立たなくなってしまう。これまで「マネー」であったものが、「マネー」ではなくなってしまうのだ。日銀にとって最も重要なのは、日銀券や銀行預金が「マネー」として機能し続けるような条件を確保することだ。

第6章

実体経済から離れた株価の動き

1 資産価格の大変動

2月から3月にかけて株価が歴史的な大暴落

新型コロナウイルスは、株価に大きな影響を与えている。

最初は、大暴落だ。2020年2月20日以降、世界的な株安が進行した。

ニューヨークダウ平均株価は、20年1月には2万9000ドル程度の高い水準を続けて、2月12日に2万9551ドルのピークとなった。ところが、2月20日から急落し、3月23日には1万8591ドルまで下落した。率では約30％の下落だ。

ナスダック総合指数は、19年末から20年2月まで急速な上昇を続けていた。そして、2月19日に9838のピークをつけた。しかし、そこから急落。3月23日には終値で6860、安値で6631になった。

日経平均株価は、20年になってから2万3000円台で推移していた。2月6日には2万3873円だった。その後、2月20日あたりから急落し、3月19日の1万6552円にまで30・6％下落した。

株価が急落したのは、感染拡大防止のために人々の移動を規制し、経済活動を人為的に停滞させたからだ。このため、企業の売り上げが急減（あるいは消滅）した。株価が急落するのは当然のことだ。

この過程をもう少し詳しく見ると、つぎのとおりだ。

３月９日、ダウ平均株価は一時２０００ドルを超す急落となり、原油価格も下落した。これに対して、ＦＲＢは、０・５％の緊急利下げを行なった。しかし、３月10日前後から、金融市場では流動性が不足気味となった。

３月15日の日曜日（日本時間16日の朝６時）に、ＦＲＢは１％の緊急利下げを実施し、政策金利を０〜０・25％に引き下げた。しかし、株価の下落は止まらなかった。

ＦＲＢのこうした政策に、日本銀行もフォローした。３月16日昼に政策決定会合を前倒しで緊急実施することを、朝９時前に発表した。会合は２時間で済ませ、ＥＴＦ（上場投資信託）の買い入れ額増額を決定した。

しかし、これに対しても株価は反発せず、大暴落した。日銀の発表直後の14時には一時上昇したものの、すぐさま下落に転じ、４００円以上下落した。

原油先物価格がマイナスに

4月20日には、ニューヨーク原油先物価格が1バレル＝マイナス37ドルになった。これは歴史上初めてのことだ。マイナス圏を脱したあとも、原油相場は低水準で推移した。需要がV字回復で戻ってくるような事態が想定しにくいからだ。このため、世界のエネルギー企業は倒産の危機に直面している。

航空会社も危機に陥った。国際移動が著しく制約されたためだ。仮に一部の国で新型コロナウイルスが終息しても、全世界的に終息しなければ、航空会社の収益は回復できない。航空会社が破綻すれば、航空機の製造会社にも影響が出る。

以上のような産業では、構造的な原因で企業のビジネスモデルが立ち行かなくなり、倒産する危険がある。

新興国と産油国では、問題はとりわけ深刻だ。新興国の通貨危機を引き起こす可能性がある。

新興市場国では、証券投資資金の史上最大規模の逆流が起きている。その規模は約1000億ドルとGDPの0・4％に達しており、脆弱性の高い国に厳しい課題を突きつけている。これが金融危機をもたらす可能性も否定できない。

株価は上昇した

ところが、その後、株価は回復した。

ダウ平均株価は、底値をつけた直後から急速に回復した。4月29日には2万4633ドルまで戻った。5月28日のダウ平均株価は2万5400ドルのレベルまで回復した。

ナスダック総合指数も底値をつけた直後から上昇に転じている。そして、5月8日には9324まで戻した。そして、2月の高値を超えた。

アメリカの株価につられて、日経平均株価も2万円台を回復した。4月30日には2万193円となり、3月6日以来の2万円台を回復した。5月22日には2万388円になり、6月1日には2万2000円台になった。

リーマンショック時には、落ち込んだ株価は長期にわたって回復しなかった。このときには円高が生じたということもあったのだが、それにしても大きな違いだ。

株価上昇の原因は経済再開期待?

なぜこのように、株価は回復したのだろうか?

その理由としては、まず、新型コロナの感染拡大がピークを過ぎたという判断が考えられる。

そして、経済再開計画などによって、経済が将来のかなり近い時点で回復するという期待がある。

また、治療薬やワクチンの早期開発に対する期待があるのかもしれない。

アメリカだけでなく、ヨーロッパでも、外出規制や営業停止を緩和する動きが生じた。WHO（世界保健機関）は、外出制限の継続期間は2～3カ月続けることが賢明だとした。日本でも、5月25日に緊急事態宣言が解除された。

多くの世界経済予測は、2020年において新型コロナの感染が抑制されれば、21年におけるGDPはV字回復するとしている。そうした期待を反映しているといえるかもしれない。

しかし、ワクチンが開発されない段階で経済活動を再開すれば、感染の第2波に襲われる危険がある。いったんは感染拡大を食い止めたとされる中国でも、第2波があるのではないかとされている。こうしたことを考えると、株価の回復は、過大な期待によると考えざるをえない。

IMFは、6月24日に発表した「世界経済見通し」で、日米などの株価を企業の収益力や配当余力などを基に分析し、割安か割高かを0～100で数値化した。その結果、4～6月期の日米の株式市場は100近辺となり、「株価は大幅に割高」との結果となった。

2 市場の過大な期待？

中央銀行の積極的対応が株価を回復させた？

2020年3月23日、FRBは、大型経済支援策の第2弾で、国債を無制限で購入するとした。このために、金利が下落した。

日本銀行も、3月16日の金融政策決定会合で、積極的な国債買い入れなどを決定した。そして、4月27日には、国債購入額のメドを撤廃することを決めた。

このような中央銀行の積極的な対応が、株価を回復させているのではないだろうか？

ただし、ここで注意すべきは、FRBが購入しているのは、国債であって株式ではないことだ。国債は国がデフォルトしないかぎり必ず償還される安全資産だ。株式というリスクのある資産の価値を政府や中央銀行が保証したわけではない。

もちろん、FRBは、企業支援策も行なっている。社債、CPなどの購入だ。ジャンク債などの低格付け債をも購入して、流動性対策を行なっている。これらの中にはリスクのある企業が発行したものもあるだろう。

しかし、これは、企業の流動性を確保するための政策だ。ＦＲＢは私的企業のリスクを引き受けたわけではいない。

ＦＲＢの政策によって株価が上昇しているのだとすると、株式市場は、政府の施策を過大評価していることになる。なお、日銀はＥＴＦを購入している。つまり企業のリスクを引き受けている。これは気になる点だ。

流動性リスクとビジネスモデルのリスク

コロナ下の経済における企業の倒産について、つぎの2つを区別する必要がある。

第1は、流動性の欠如による倒産だ。先に述べたＦＲＢの政策は、基本的にはこれに対処しようとするものだ。

第2は、企業のビジネスモデルが行き詰まることによって、倒産することだ。その代表例が産油関係企業である。

すでに述べたように、4月20日には、ニューヨーク原油先物価格が1バレル＝マイナス37ドルと、史上初のマイナスを記録した。マイナス圏を脱したあとも、原油相場は低価格で推移している。

こうなるのは、生産調整が難しいからだ。産油国では生産を続けないと公務員の給与も払えないので減産できないといわれる。しかし、損益分岐点は、産油国で1バレル70～90ドル、シェールオイルでは1バレル40ドル程度だ。

このため、世界のエネルギー企業は倒産の危機に直面している。大型倒産が発生し、それが金融危機に発展するという不安が消えない。日本の金融機関は大丈夫だろうか？

もう1つは航空会社だ。世界的な航空会社が危機に陥っている。

では、このような構造的なリスクを国が引き受けているのだろうか？　これは「リスクの国有化」といわれる現象だが、前述のように、そうはなっていない。現在の政府・中央銀行の政策は、資金繰りと金利の抑制だ。株式市場は、その点を誤解しているように思える。

すると、構造的な原因で企業のビジネスモデルが立ち行かなくなり、倒産する危険はある。

有限責任制の意味

原油価格がマイナスになっても、株価はマイナスにはならない。それは、株式会社の有限責任制のためだ。つまり、株式会社が破綻したときのツケは、金融機関が被るのだ。

株式会社の有限責任制がいかに大きな特権か、いま改めて分かった。株式会社が債務超過で破綻しても、株主は責任を追及されない。負担は債権者が負う。いままで当たり前のことと思っていたが、経済非常時での意味は大きい。

銀行取り付け騒ぎが起こるのは、万人にとっての恐怖のシナリオだ。リーマンショックのときには、アメリカ政府は、巨額の資本注入で金融機関を救った。いま金融危機が起きても、その余裕はない。

こうしたリスクの顕在化を、中央銀行が抑えている側面がある。ＦＲＢはリスクが高い「ジャンク債」も買い入れることとしている。日銀も、ＥＴＦの購入を増やして株価を支えている。

しかし、中央銀行がリスクの国有化を行なってよいのかどうかは、大いに疑問だ。

大型倒産が相次げば、中央銀行の資産は劣化する。最悪の場合、債務超過に陥る事態もありうる。仮にこうしたことになれば、通貨価値が大暴落することが懸念される。こうした事態に陥ることは、ぜひとも避けねばならない。

日経平均がダウにつられて上昇するのはもっとおかしい

右に見たように、日経平均株価は、ダウにつられて上昇している。しかし、日本とアメリカでは、経済構造が大きく違うことを考えると、これはおかしな現象だ。

第１に、アメリカではレイオフを簡単にできるので、経済減速の負担は企業にかからず、労働者にかかる。それに対して、日本では簡単に解雇できないので、負担は企業にかかる。したがって、アメリカの場合に比べて、本来からいえば、株価の戻りは鈍いはずなのだ。こうした構造の違いを考慮すれば、日経平均はダウ平均を単純にフォローすることはできないはずだ。

日米の経済構造には、もう1つの大きな違いがある。

アメリカをリードする企業は、未来社会の構造を示している。アメリカの企業では、外出規制が行なわれても売り上げが減らない。むしろ増える企業があるのだ。ところが、日本にはそうした企業が存在しない。それだけではない。第7章で述べるように、日本では在宅勤務も十分に普及していない。しかも、産業構造が製造業に偏っている。

こうしたことを考えると、アメリカの株価が上昇するからといって日経平均が上昇するのは、ますますおかしなことだということになる。

日銀がETFを買ってリスクを引き受けているからか？

日銀は、日本株に投資するETFを年間約6兆円購入している。日銀の保有残高（時価ベース）は2020年3月末時点で28兆円強となった。東証1部に上場する企業の時価総額の4・8％に相当する。日銀が同じペースで買い続けると仮定すると、20年11月末には約40兆円に増える。現在6％超を保有するとみられ、最大の株主である年金積立金管理運用独立行政法人

（GPIF）を上回る。

経済協力開発機構（OECD）は、19年4月15日に公表した対日経済審査報告書で日銀のETF買い入れについて「市場の規律を損ないつつある」として懸念を示した。主要国で中央銀行がETFを買い入れるのは日銀のみだ。日銀は10年に開始し、買い入れ枠を増やしてきた。現在は年12兆円に上る。中央銀行がリスクを負ってETFを買い入れる政策の恩恵を受ける家計は、一部にとどまる。

3 金融危機を防げるか？

危機が長引けば金融危機の可能性

新型コロナウイルスに対処して、世界各国は合計で8兆ドル（約880兆円）規模の財政出動に踏み切った。これによって、深刻な悪影響の発生を回避した。

しかし、2020年6月の世界銀行の報告は、危機が長引けば、金融危機を引き起こす可能性があるとしている（報告書、43ページ、Financial crises and debt burdens）。

金融危機以来、世界の負債のＧＤＰに対する比率は２３０％にまで上昇した。新興国・途上国（ＥＭＤＥｓ）では、19年でＧＤＰの１７０％だが、これは、歴史上、最も高い値だ。

ＥＭＤＥｓでは、政府の債務の増加が目立つ。また、民間企業の負債の4分の1以上が外国通貨建てだ。資本流出や為替切り下げで深刻な状態に陥る可能性がある。もし金融危機が起これば、投資や消費にさらに深刻な影響がある。

先進国でも「レバレッジドローン」（leveraged loans）の問題がある。これは、低格付け（ＢＢ格相当以下の投資適格未満）で債務比率が高い企業に対して行なわれる融資だ。

金融危機を回避できても、コロナ後に金利が上がる可能性がある。そのため、増税、借り入れ増、歳出削減などが必要になる。借り入れが増加すると、投資に悪影響が及ぶ。

ＯＥＣＤの報告も、金融危機の可能性について述べている（General assessment of the macroeconomic situation, Company insolvencies and financial market risks）。

ＯＥＣＤ諸国および途上国で、上場企業の25％が、20年に返済期限が来る負債への現金を保有していない。これらの企業の格付けが引き下げられると、機関投資家は規制によってこれらの企業の社債を売却することになり、社債価格が下落する。

コロナ危機の始まりの時点では、銀行は08年当時よりはより多くの資本と流動性を保有していた。しかし、企業や個人の破綻増加に伴って状況は悪化する。そのため、金融政策が緩和されているのに、銀行は貸し出しを減らそうとするかもしれない。

金融危機が生じないことを祈りたい

日銀は2020年4月21日に公表した金融システムレポートで、日本の金融機関の評価を行なった。

世界経済の混乱が邦銀の有価証券運用を直撃する恐れがあること、銀行が持つ外債の約4割は投資適格級の中で最も格付けが低いトリプルB格であることなどを指摘した。さらに、金融機関によるドル調達の不安定化も指摘されている。しかし、総括判断は、「日本の金融システムは全体として安定性を維持している」というものだ。

また、これまでの異次元金融緩和で日銀が国債を買い上げたので、日本の銀行は国債価格下落に怯《おび》える必要はない。だから、日本で金融危機が起きることはないと信じたい。

第7章

ニューノーマルへの移行を妨げるもの

1 なぜニューノーマルか

ニューノーマルとは何か？

ニューノーマル（新常態）とは、生活様式や仕事のスタイル、企業のビジネスモデル、技術、社会制度などが、それまでとは大きく変わることだ。単に見かけが変わるだけでなく、基本的な考え方も価値観も変わる。

しかも、長い時間をかけて徐々に変わるというよりは、何かをきっかけに短時間のうちに変わる。そして、変化は一時的でなく、永続的だ。つまり、変化したものが元に戻らず、継続する。したがって、ニューノーマルに対応できたものが成長し、対応できなかったものが淘汰される。

これは、「パラダイムシフト」という概念と似ている。パラダイムシフトとは、それまで当然と考えられていた基本概念が覆されることだ。量子力学がニュートン力学を覆したことは、その典型例だ。

ただし、「パラダイムシフト」は、学問体系や理論についていわれることが多い。それに対して「ニューノーマル」は、実社会や経済構造についての概念だ。

ニューノーマルは、リーマンショック後にいわれた。また、2014年、中国共産党中央委員会総書記の習近平が、中国が「新常態」に入りつつあると述べた。

新型コロナウイルスに関しても、ニューノーマルが発生するだろう。

「ウィズコロナのニューノーマル」は、コロナの感染期間中に生じる変化だ。そして、「アフターコロナのニューノーマル」は、コロナの感染が終了してもなお残る変化だ。コロナは一時的な現象だが、それが永続的な変化を引き起こすのだ。

コロナに対処するために、生活様式や経済活動が変わる。それが、企業のビジネスモデルに大きな変革を迫る。しかし、これは、コロナという特殊事情によるものだけではない。そのなかには、本来あるべき変化もある。それがコロナによって加速化されるのだ。

とりわけ重要なのは、対面から「リモート」への変化だ。具体的には、在宅勤務（テレワーク、リモートワーク）、eコマース、キャッシュレス、オンライン教育、オンライン医療だ。

なぜニューノーマルなのか？

コロナが終息したあとにおいても、なぜこれまでとは異なるビジネスモデルが必要とされるのか?

第1の理由は、経済活動が再開されても、活動水準は直ちにはコロナ以前の水準には戻れないことだ。生産量や売上高が、従来よりは1割程度減少した経済が続く。部門によっては3割減が続く。だから、破綻企業が増える。

他方で、ニューノーマルに対応できたビジネスや企業は成長する。だから、売り上げが全体として元に戻らなくても、一部の企業では増えるといった現象が起きる。こうして、経済構造が大きく変わる。

ニューノーマルへの転換が起きる第2の理由は、これまでも進行中だったことや、これまでも必要だったが気づかなかったことが、コロナによって加速されることだ。

例えば、在宅勤務はこれまでは特別な勤務形態と考えられていたが、コロナで普及して便利であることが分かった。「このワークスタイルのほうが快適だ」「元に戻りたくない」と考えるようになった人が大勢いる。

リモートは在宅勤務だけでなく、教育や医療でも生じる。いままで技術的に可能でも、惰性で使わなかった。使ってみて、コロナ下だけでなく、未来に向けてのニューノーマルになりうることがわかったのだ。

また、導入が進まない場合になぜ導入できないかを考えると、いまの仕組みの基本的な問題点が分かる。

なお、ニューノーマルには、国際関係（とくに中国との関係や、バリューサプライチェーンのような分業関係の変化）、国の諸制度（医療保険、医療制度、地方分権）などについても発生する。ただし、本書では、こうした問題は扱わないこととする。

2　在宅勤務が進まない理由

在宅勤務が推奨される

コロナウイルスの感染を防ぐには、人と人との接触を避けることが重要だ。

ところが、日本の大都市では、通勤のために満員電車に乗ることを余儀なくされる。

これを避けるには、在宅勤務（テレワーク、リモートワーク）に移行することが望ましい。

コロナウイルス感染防止のため、政府や東京都などが在宅勤務を要請した。東京都の小池百合子知事は、2020年3月25日、平日は在宅勤務をするよう訴えた。

新型コロナウイルスの感染拡大で在宅勤務が推奨されたことから、多くの企業が在宅勤務を導入し、在宅勤務が広がった。

オンラインのほうが実際に集まるより便利

在宅勤務は、従業員にとって魅力的なオプションだ。

悪天候の日に無理をして出社する必要がない。また、通勤ラッシュを回避することができる。毎日通勤しなくても、1週間に数日だけ会社にいけば仕事が進む。こうしたことが分かって、「これまではどうして満員電車で通勤しなければならなかったのだろう」と改めて驚いている人が大勢いる。

実際に集まらずにオンラインで仕事を進めるという方法は、一部の人の間では、しばらく前から行なわれていた。

例えば、『デジタル・ゴールド』(ナサニエル・ポッパー著、日本経済新聞出版社、2016年)には、ビットコインが2014年2月に危機に陥ったとき、関係者たちが実際に会合を開くのではなく、自分のオフィスにいたまま、Google ドキュメントを使って共同声明の作成をする場面が出てくる。

企業から見ても在宅のほうがよい

これまでの日本企業では、在宅勤務は、育児や介護などの必要がある場合の例外的な働き方だと位置づけられてきた。つまり、在宅勤務は会社にとっては望ましくない形態であり、オフィスでの仕事が基本だという考えが根強くあった。

しかし、コロナ感染防止のためにやむをえず始まった在宅勤務によって、自宅のほうが生産性が上がり、業務がうまくこなせることが分かった。

このため、ＩＴ関連企業などを中心に、コロナが終息したとしても在宅勤務を続けていくとする企業が出てきている。ツイッター社は、従業員が望めば永続的に続けられるようにするとした。グーグルやフェイスブック、アマゾン、マイクロソフトも在宅勤務の方針を継続する。

ＩＴ以外でも、在宅勤務永続化の動きがある。

日本でも、日立製作所や富士通などが、在宅勤務を標準化する動きを進めている。

こうした意味で、在宅勤務は、コロナ期の特殊現象ではなく、働き方の大きな変化となる可能性を持っている。在宅勤務こそが「基本的な働き方」になる。それが実現すれば、働き方の基本にかかわる変化が生じるだろう。

そして、こうした変化に対応できる組織が未来を拓くことになるだろう。この意味で、在宅勤務は「時代の転換点になる」可能性を秘めている。

どのような仕組みでやっているか

では、在宅勤務を実際に行なっている企業では、どのような仕組みで行なっているのだろうか？

まず、勤務時間をオフィスの場合と同じように設定し、その時間帯は、必ず連絡がつくようにしておく。そして、必要なデータなどは、会社のサーバーにアクセスして引き出す。

さらに、ときどき会議を招集する。会議のために実際に使われているのは、「Zoom」や「Microsoft の teams」「Google Hangouts Meet」など、オンライン会議の仕組みだ。

このシステムで重要視されているのは、「上司の管理下にいること」の確保のようだ。在宅勤務になると、それが難しくなるからだ。

数年前から「テレワーク」の導入が必要といわれてきたが、そのときに一番大きな問題とされたのは、「部下を管理できなくなる」という管理職、中間管理職の声だった。

ただし、ここで問題なのは「管理する」ということの内容だ。

日本の企業では、「仕事の成果を管理する」という意味ではなく、「上司が何かを命じたときに、即座に対応できる状態にいる」という意味だ。もちろん、それは必要なことだろう。ただ、これだけでは十分でない。あとで述べるように、仕事のやり方を変える必要がある。

在宅勤務はどの程度普及しているか？

では、在宅勤務は、実際にはどの程度普及しているのだろうか？

私は、2020年3月8日に、note というウェブサイトで、在宅勤務の現状に関するアンケート調査を行なった。

その結果、在宅勤務に切り替えている比率は、31・8％でしかないことが分かった。

このアンケートに回答したのは、技術的な面だけからいえば、在宅勤務が可能な条件下にいる人が大部分と考えられる。それにもかかわらず、実際に在宅勤務ができているのは、3分の1未満なのだ。

もっと大規模な調査としては、厚生労働省がLINEと共同で3回にわたって実施した「新型コロナ対策のための全国調査」アンケート調査がある。

それによると、オフィスワーク中心（事務・企画・開発など）の仕事のテレワーク実施率は、4月12〜13日時点で全国平均で27％だった。緊急事態宣言前に比べて大きく伸びたものの、政府目標である7割には届いていない。都道府県で大きな差があり、東京都では52％だが、5％未満の県も多く見られた。

このように、在宅勤務は、期待されたほどには普及していない。また、緊急事態宣言が解除されて、それまで行なわれていた在宅勤務をやめる企業もある。

在宅勤務ができる条件があるのに通勤を強いるのは、コロナウイルスの感染拡大を食い止めようとしている状況では、犯罪行為であるとさえいえる。

コロナ以前にも一進一退

コロナ以前の在宅勤務の状況の調査としては、総務省『平成30年版 情報通信白書』にデータがある。それによると、企業のテレワーク導入率は、2013年の9・3%から15年には16・2%に高まったものの、その後低下して、17年には13・9%になっている。

厚生労働省のLINEの調査とこの調査は、定義や範囲などが異なるため一概には比較できないが、厚生労働省のLINEの調査(3月31日〜4月1日)の全国の数字が13・99%であることから、ほぼ同じようなものと考えることができる。すると、つぎのことがいえる。
(1)日本における在宅勤務は、コロナ直前まであまり進んでいなかった。
(2)コロナでかなり増えたが、まだ不十分な状態。

異常に低い日本の在宅勤務率

Global Remote Working Data & Statistics は、世界各国のテレワークの状況を調査し、その

結果を「柔軟な仕事場のポリシーを採用する企業の比率」と「柔軟な仕事スタイルがニューノーマルになると考える人々の比率」という2つの指標で評価している。前者は、在宅勤務企業を認める企業の比率であり、後者は「在宅勤務が望ましいと考える人々の比率」であると解釈できる。

前者の指標で見ると、日本は著しく遅れている。ドイツ80％、アメリカ60％などに比べて、日本は30％をわずかに上回る水準でしかない。ここで取り上げられている国は、欧米諸国以外に中国、インド、メキシコなどがあるが、いずれも50％以上だ。日本の低さは、異常なほどだ。

他方、後者の指標で見ると、日本は80％であって、最も高い水準だ。ドイツ、フランスは68％、アメリカは74％でしかない。

つまり、日本では、「労働者が在宅勤務を望んでいるのにもかかわらず、企業がそれを認めない」ということになる。

在宅勤務を阻むもの

もちろん、すべての仕事を在宅勤務に切り替えるわけにはいかない。

製造業では、工場に出勤する必要がある。また、対人サービス業も、全面的な在宅勤務への切り替えは難しい。いわゆるエッセンシャル業務や、対面がどうしても必要な仕事（医師など）もある。

しかし、少なくとも、多くのサービス業（とりわけ、高度サービス業）とあらゆる産業の管理部門については、かなりの人が在宅でできるのではないだろうか。

そして、そのための技術はすでにある。自社サーバーを持っていない中小零細企業でも、あとで述べるように、クラウドのサービスを利用すればできる。それにもかかわらず、日本で在宅勤務を実施している企業は少ないのだ。

日本では、住宅事情が良好でないため、自宅での仕事には、さまざまな障害がある。とくに、学校が休校になった際は、子供が仕事の邪魔をすることが多かったといわれる。

また、家庭のＰＣが攻撃を受ける状況が生じている。さらに、通信費負担の問題もあるかもしれない。

しかし、こうした問題は、自宅を仕事場にするのでなく、各地にサテライトオフィスを分散配置し、そこで働く形態をとることによって解決しうるだろう。

日本で在宅勤務が進まないのは、技術的な理由によるというよりは、「日本型の働き方」による面が大きいと思われる。

以下に述べるように、成果主義の導入や、会議文化からの脱却、さらには企業内の閉鎖情報システムからクラウド情報システムへの移行が必要だ。ここここそ、「働き方改革」が必要などころだ。

テレワークはなぜ進まないのか

テレワークが進まない理由に関して、「テレワークの最新動向と総務省の政策展開」（2019年5月31日）が「テレワークを導入しない理由」の調査結果を示している（元調査は、平成29年通信利用動向調査、18年5月25日）。

結果は、「テレワークに適した仕事がない」が74・2％でトップ。そのほか、「情報漏洩が心配だから」（22・6％）、業務の進行が難しいから（18・4％）、導入するメリットがよくわからないから（14・7％）、社内のコミュニケーションに支障があるから（11・3％）、社員の評価が難しいから（8・8％）などとなっている。

これを見ると、テレワークに対する理解が十分でなく、また、日本企業における仕事の進め方が導入の障害になっていることがうかがえる。

在宅勤務を阻むもの①　跋扈する「いるか族」

会社の仕事をオンラインの在宅勤務に切り替えるのは、コロナウイルス感染防止のためにやむをえずにすることではない。本来の目的は、仕事の効率を上げることだ。

ただし、そのためには、改革すべき点がいくつかある。仕事の進め方の基本を変えずに在宅勤務に移行しても、能率が下がるだけのことだ。

第1に問題となるのは、仕事の管理だ。そこで必要とされる改革は、成果主義への転換だ。昔から、日本の大組織（その代表が官庁）で重要なのは、仕事の成果を上げることでなく、上司の目の届くところに「いる」ことだった。こうしたことにこだわる人々を「いるか族」と呼ぶことができよう。実際、「働き方改革」が問題としたのも、勤務時間だった。

日本で在宅勤務を行なおうとすると、これが問題になる。

リアルなオフィスでは、上司は部下が「いる」ことを目で確かめられる（そのため、オフィスは大部屋になり、個室にならない）。しかし、在宅ではそれができない。だから、在宅勤務を導入できないというのだ。

在宅勤務に移行したとしても、「いる」ことの確認が最大の課題となり、それが実現できれば、それでよしとされている場合が多いのではないだろうか。

もちろん、部下が目の届くところに「いる」と確認するのは必要だ。しかし、それで満足してしまってはならない。「いるか主義」からの転換が必要だ。

在宅勤務に移行すると、インターネット会議が頻繁に開かれ、必要のない人の出席を求めることが多い。しかし、先にビットコインでの共同声明作りを紹介したように、文書共有とコメントで合意形成はできる。

テレビ会議をやったり、電話で連絡を取り合ったりでは時間がかかるだけで、どうしようもない。こうした「会議万能文化」を見直し、オンラインで仕事を進める習慣が定着すれば、生産性は向上するだろう。

在宅勤務を阻むもの② 紙文化、ハンコ文化

在宅勤務を阻む第2の要因は、紙文化、ハンコ文化だ。在宅勤務が求められているが、「ハンコを押すだけのために出社しなければならない」というケースが多いという。コロナ期には、ハンコからの脱却は、命を守るための緊急の課題となった。

送金でも申請でも、日本は紙の世界から抜け出していない。これこそが、コロナが暴露した日本の事務処理の遅れだ。「書類にハンコが必要」という業務システムが、日本の生産性向上を阻む大きな原因となっている。

なお、日本で電子署名は認められていないのかというと、そんなことはない。「電子署名及び認証業務に関する法律」(「電子署名法」)が、すでに2001年4月1日に施行され、電子署名が手書きの署名や押印と同等に通用する法的基盤が整備されている。これによって、本人による一定の要件を満たす電子署名が行なわれた電子文書は、真正に成立したもの(本人の意

思に基づき作成されたもの）と推定される。

ただし、この仕組みは使いにくい。電子証明には有効期限がある（電子署名だけを付与した場合には、有効期間は通常1～3年間だ）。契約が数年間にまたがっている場合、途中で有効期限が過ぎると効力を失う。有効期限を延ばすには、認証局に再度煩雑な申請作業を行ない、更新する手続きが必要となる。

また、日本の電子署名は、外国では有効なものとはならない。このような状態にあるために、使われないのが最大の問題なのだ。

在宅勤務で社内ネットワークに接続する危険

企業（とりわけ大企業）の場合、社内ネットワーク（LAN：Local Area Network）が構築されている。これとインターネットとの出入り口は、ファイアウォールやIPS（Intrusion Prevention System：不正侵入防止システム）などで守られている。社員が用いるPCは、この社内ネットワークに接続されている。

社外から社内ネットワークに接続するには、VPN（Virtual Private Network：仮想専用線）を用いる。これは、インターネット上に作られた仮想の専用線だ。これによって、通信内容の漏洩や、流出・改竄《かいざん》などを防ぐ。

VPNを使えば、遠隔地にある拠点同士をつなぐことができる。例えば、各店舗での売り上げ情報を本社のサーバーに集めるには、店舗にある端末と本社のサーバーをVPNで結ぶ。専用線を利用するとコストが非常に高くなるが、VPNはインターネットを利用するので、費用を抑えることができる。

在宅勤務の場合にも、VPNが用いられる。従業員は、会社のオフィスにあるPCからではなく、自宅にあるPCからVPN経由で社内ネットワークに接続し、そこにあるデータベースなどを用いて仕事を進めていく。この場合、IDやパスワードによって承認された場合のみ、社内のネットワークに接続できる。

サイバー攻撃への脆弱性

ところが、コロナ対策で急いで在宅勤務に移行するとなると、深刻な問題が起きる危険がある。家庭のインターネット環境やPCは安全対策が不完全な場合が多いため、そこからウイルスが社内ネットワークに侵入する危険があるのだ。

第1に、家庭内のインターネットの安全性の問題がある。そのセキュリティに不備があると、ネットワークへの不正侵入や不正サイトへの誘導、ウイルス感染などをもたらす危険がある。この問題は、オフィス内にあるPCからのアクセスでもありうることだが、家庭からのアクセスでは、セキュリティ対策がそれよりもずっと不十分だろう。

第2に、私物のPCなどを使う場合もあるだろう。そうした端末にウイルス対策のソフトがダウンロードされていないと、ウイルスに感染する危険がある。すると、それが社内ネットワークに広がってしまう。

第3に、会社のPCを家に持ち帰って使っても、問題がある。会社のオフィスで使っているPCは、ネットワークがファイアウォールなどで守られているため、PC自体にはセキュリティ対策がなされていない場合が多い。それを家庭に持ち帰ってインターネットに接続すれば、コンピュータウイルスに感染する危険が高い。

以上のような問題があるため、アメリカ国土安全保障省傘下にあるCISA（Cybersecurity and Infrastructure Security Agency）は、2020年3月13日に、在宅勤務でのVPN利用について注意喚起を行なった。

それによると、悪意のあるサイバー攻撃者が、組織の脆弱性を探る動きを活発化させているという。在宅勤務者を標的にしたフィッシングメールなどを用いて、企業秘密を引き出そうとする動きが活発化しているというのだ。このどさくさに紛れて社内ネットワークに侵入されて企業秘密を盗まれたら、大変なことになる。日本企業は、CISAの警告を真剣に受け止める必要がある。

グーグルの「ゼロトラストネットワーク」

グーグルは、在宅勤務にVPNの仕組みを使っていない。あらゆる社内アプリケーションがインターネット経由で利用できるようになっているため、VPNを利用する必要がないのだ。社内アプリへのアクセスは、社内ネットワークからでも、社外からでも「アクセスプロキシー（認証サーバー）」を経由させる。ここで端末の情報やユーザーの属性、状態などをチェックし、社内アプリの利用の可否を制御している。グーグルは、この仕組みを「BeyondCorp」と呼んでいる。そして、自社が「脱VPN」を実現するために開発したソフトウェアを、2017年からクラウドのサービスとして提供している。

「どんなネットワークも信用しない」というグーグルの考えは、「ゼロトラストネットワーク」と呼ばれる。これは、以下のような意味で、これまでの考えと大きく違うものだ。

従来は、ファイアウォールなどで守られたネットワークは「安全」とされてきた。そこで、社内アプリケーションは、「安全」である社内ネットワークからならアクセスできるが、インターネット経由ではアクセスできないこととする。だから、在宅勤務の場合は、「安全」なVPNを経由して社内ネットに接続する必要がある、というのだ。これは、ネットワークの種類に基づいて、アプリケーションへのアクセスを許可したりしなかったりする、という考えだ。

しかし、こうした考えは、もう支持できないものになった。ファイアウォールなどの「境界防御」が破られ、「安全」なネットワークの内側に侵入されると、社内アプリケーションが自由にアクセスされてしまうのだ。

最近では、標的型攻撃などによって従業員のアカウントが乗っ取られ、それを踏み台にして社内ネットワークに侵入する事件が頻発している。そこで、「ネットワークはすべて危険だ」と認識することが必要になった。これが「ゼロトラストネットワーク」の考え方だ。

データの安全を守るため、クラウド化する

したがって、「VPNだけを信頼して在宅勤務を進めるのは危険だ」ということになる。VPNは「通信」の安全を守るためのものだが、それだけでは十分でない。これに加えて、データの安全を守る必要がある。

このためには、データを信頼できるクラウドに上げることが必要だ。クラウドとは、インターネットを介して外部のサーバーにアクセスし、そこで提供されているアプリケーションを利用してデータをそこに保存する仕組みだ。

クラウドシステムの重要な点は、PCなどのローカルな端末にデータを残さないことだ。クラウドでは、セキュリティが大きく向上する。例えば、顧客情報が入っているデータを、エク

セルで作って手元のPCに残すのと、グーグルのスプレッドシートでクラウドに残すのとでは、セキュリティが大きく異なる。

日本では、これまで、「クラウドはデータを外部に預けることになるので、セキュリティ上、問題だ」という考えの人が多かった。しかし、これはまったく逆である。

「ゼロトラストネットワーク」の考え方に従えば、これまでのような「社内ネットワーク＋VPN」のシステムを、クラウド化させていくことになる。

中小零細企業が在宅勤務を導入するなら

クラウドシステムでは物理的なサーバーを自社に設置しないので、初期投資額が少なくてすむ。このため、中小企業でも簡単に導入できる。ネットにアクセスできるPCやモバイルデバイスさえ準備すれば、オフィスで仕事をするのと同じ環境を一瞬にして実現できる。零細企業で、これまで社内ネットワークやVPNを構築していなかったところでも、即座に在宅勤務態勢に移れるだろう。

VPNを用いない場合には、通信上のセキュリティの問題は残る。しかし、データが安全であれば、壊滅的な事態には陥らないだろう。

中小零細企業や個人事業者であっても簡単に利用することができる業務支援系のクラウド

サービスが増えている。例えば、マイクロソフトの「Office 365」やグーグルの「G Suite」などがある。
Office 365は、「Word」「Excel」「PowerPoint」「Outlook」などから構成される。G Suiteは、「Google ドライブ」「Google ドキュメント」「Google スプレッドシート」などによって構成される。
Google ドライブを使えば、Google のサーバー上に自分専用のデータ保存スペースを作れる。会社のデータをハードディスクに保存するのではなく、Google ドライブに保存しておけば、会社でも自宅でも最新データが使える。
Google スプレッドシートは、ファイル単位で共有相手を選択することができる。共有相手と同時に編集することも可能だ。だから、いちいちメールに添付してデータを送る手間もない。そして、データをまとめる作業を複数人で共同して行なうことができる。
これらの個々のサービスは、無料で提供されている。わずかな費用で容量を拡大することもできる。G Suiteは、これらを法人向けにアップグレードしたものだ。世界で500万社を超える企業がG Suiteを使用しており、この中にはフォーチュン500企業の60%が含まれるという。

閉じた情報システムからクラウドへの移行

しかし、日本企業のデジタル情報処理の仕組みの多くが、こうしたものになっていない。日本の大企業の多くは、独自のデジタル情報システムを構築しており、すべての社内情報を社内サーバーで処理しようとしている。

前述したnoteのアンケートでも、「いまだにCOBOLでできた基幹システムを、高齢のエンジニアが徹夜でメンテしている。自社の独自性に固執しすぎている」「セキュリティポリシーに縛られて思考停止状態」「社外で顧客情報を取り扱うことができないため、テレワークが難しい」などの意見があった。情報システムは自社で閉じており、クラウド情報管理を排除している。

Googleドキュメントの活用は、在宅勤務のためには極めて有効な手段になる。私は昨年刊行した『「超」AI整理法』（KADOKAWA、2019年）で、これを用いた個人用情報管理システムを提案した。

ところが、ある人がいうには、「この仕組みは大変便利だが、私の会社ではGoogleドキュメントの使用は禁止されている」とのことだった。

noteのアンケートでも、62・3%の回答が「Googleドキュメントは使えない」としていた。「情報管理がキツすぎてGoogleドキュメントなど一切使えない」との答えがあった。

日本では、多くの企業が自分自身のネットワークに閉じこもっていて、それを外部のネットワークにつなげていない。クラウドは自社のデータを他企業に預けることになって不安だからしないと考えている人が多いのだ。会社だけではない。日本政府もそうだ。政府は2020年にクラウドを導入することを決めた。「今頃クラウドか！」と驚いたが、それが日本の実態なのだ。

コロナウイルスをきっかけに、日本の企業での仕事の進め方を改革すべきだ。そうすれば、日本の生産性を引き上げることができるだろう。

3 eコマースも日本では進まない

アメリカではネット通販が増加

アメリカでは、小売売上高が2020年4月に落ち込んだあと、5月には対前月比で17・7％増加した。これは1992年以来の最大の伸び率だ。しかし、前年同月と比べると6・

1％も減少していることに注意しなければならない。つまり、4月の急激な落ち込みから回復しても、直ちにはコロナ以前の水準には戻れないのだ。

6％の落ち込みというのは、かなり大きい。実際、高級百貨店のニーマン・マーカスや衣料品チェーンのＪクルーが相次いで経営破綻した。

小売業の売上高営業利益率は数パーセントでしかない。だから、売り上げが6％も減少すれば、経費をかなり圧縮しないと、赤字になってしまう。

こうしたことを背景に、アメリカでネット販売が増えている。ネット販売の5月の対前年同月比は30％の増加だ。ネット販売に注力し始めたウォルマートは、ネット販売が対前年同期比で7割増となった。

「ＺＡＲＡ」などで知られるアパレル業界最大手インディテックス（スペイン）は、1200店舗を2021年までに閉鎖すると発表した。新型コロナで業績不振に陥ったためだ。他方で、同社のネット通販の売上高は対前年同期比50％増で、4月単月では95％の伸びだった。このため、ネット通販の売上比率を、2019年の14％から22年には25％に引き上げるとしている。

フェイスブックは、20年5月19日、小規模事業者向けにＥＣサービス「Facebook Shops」の提供を開始すると発表した。事業者は、用意されているカタログから販売したい商品を選び、カスタマイズして出品することが可能だ。

実店舗からネットへのシフトは、感染への備えとなるだけではなく、顧客の要望によりよく応えることにもなる。つまり、これが小売業における「ニューノーマル」を示しているのだ。これまでも「アマゾン・エフェクト」ということがいわれてきたが、それがコロナ禍の中で加速している。

国際決済銀行（ＢＩＳ）は、6月30日に発表された年次報告書の第3部で、新型コロナの感染拡大がリテール決済に大きな影響を与えたとした。

その第1点が、都市封鎖や外出制限によって実店舗が閉鎖されたため、ｅコマース決済が急増したことだ。

日本ではあまり進展していない

ところが、日本においては、コロナによってネット通販が顕著に増えたことは確認できない。

総務省の家計消費状況調査に、「インターネットを利用した支出額」（2人以上世帯）の数字がある。２０２０年4月においては1万４６２２円だ。

ところが、19年には1万４０００円を超える月が続いており、10月には1万７０００円程度となっていたので、コロナ下で格別増えたわけではない。

また、消費者庁が実施している「物価モニター調査」でも、ネット通販の利用回数は「月に

2～3回程度」との回答が、18年3月の29・4％から20年6月に34・9％に上昇してはいるものの、全体として顕著な増加傾向は見られない。

一般にはコロナ下において日本でもネットショッピングが急増したと報道されているのに、統計データで実際にはそうなっていない。なぜだろうか？

第1に考えられるのは、「報道されているのは、急激な増加が起きている一部のことであり、それが全体の姿とはいえない」ということだ（これは、後述するキャッシュレス化についてもいえる）。

第2の理由は、想定を超える需要増に対して提供者側の準備ができておらず、注文に応えきれなかったことだ。

実際、楽天西友ネットスーパーは、アクセスの殺到で、3月26日に首都圏1都3県での受注を一時停止した。イトーヨーカドーのネットスーパーは、一時、利用者のログインを制限した。イオンネットスーパーやマルエツネットスーパー、ダイエーネットスーパーでも、サイトが重くなったり、届け日を指定できなくなったりするなどの支障が発生した。

4 キャッシュレス化も進まず

日本はキャッシュレス後進国

前記BISのレポートは、コロナが促進したもう1つの動きとして、キャッシュレス決済の増加を挙げている。

日本のキャッシュレス決済比率が低いことは、よく知られている。経済産業省、商務・サービスグループ・キャッシュレス推進室の資料によると、キャッシュレス決済比率は、主要各国では40～60％台だ。韓国では96・5％にもなっている。それに対して、日本は約20％にとどまっている。

キャッシュレス推進室は、キャッシュレス決済比率を2025年までに4割程度に引き上げ、将来は80％を目指すとしている。日本経済の生産性を高めるために、キャッシュレス化はぜひ必要なことだ。

現状を改善するため、政府は、19年10月1日から20年6月30日まで、消費税増税に合わせたポイント還元策を実施した。決済事業者が手数料を3・25％以下に抑えれば、手数料の3分の1と、さらに2～5％のポイント還元分を国が補助する制度だ。

コロナでキャッシュレスが進んだか？

新型コロナウイルスの時代には、人と人との接触を減らす観点から、キャッシュレス化が望まれる。

BISレポートも、接触を恐れて現金の使用を避ける人々が増えたため、非接触型カードやデジタル決済の使用が増えたことを指摘している。日本でも、新型コロナの感染拡大で、「現金に触りたくない」という人が増えたといわれている。

これまでの仕組みでは、わずかな金額を送金するにも、ATMでは駄目で、銀行や郵便局の窓口に行かなければならず、人が密集しているところで待たなければならない場合がある。なぜこんな危険なことをしなければならないのか？　日本のキャッシュレス化の遅れは、コロナ下では恐ろしいほどのコストになった。

では、実際には、キャッシュレスの進捗《しんちょく》状況はどうだったか？　日本経済新聞の調査によると、2020年2月10日～3月8日と、5月4日～17日のデータを比べると、最も利用が多かった決済手段はクレジットカードで、全体の36・2％を占めた。この期間に1・9ポイント増えた。現金は、2・8ポイント減の31・7%だった。

それに対して、「ペイペイ（PayPay）」や「LINEペイ」などQRコードを用いるスマートフォン決済のシェアは、0・1ポイント減の7・4%にとどまった。対面決済が減っているため、伸びなかったのだ。Suica（スイカ）など電子マネーの利用額のシェアは、0・8ポイント増の18・4%となった。QRコードの決済などと比べると堅調だった。

日本銀行の「決済動向」に電子マネーによる決済の統計がある。ここでいう「電子マネー」とは、プリペイド方式のうちIC型の電子マネー（交通系や流通系）のことだ。

20年3月における決済件数は、19年夏以降の水準に比べるとかなり落ち込み、対前年同月比は、わずか0・3%だった。決済金額の対前年同月比は4・7%になったものの、決済金額は、それまでの値に比べて格別増えたわけではない。

第5章の3で述べたように、マネーの総量はかなり増加している。したがって、マネー全体の中での電子マネーの比率は、大きく低下したことになる。

なぜ進まないのか？

日本で電子マネーの利用が増えない理由として、つぎの2つを挙げることができる。

第1は、決済事業者がそれぞれ独自のQRコード規格を使っているため、使いにくいことだ。

総務省は今年度から決済用ＱＲコードの統一規格「ＪＰＱＲ」を本格導入する予定だ。しかし、最大手のペイペイは、利用者を囲い込むため、専用のＱＲコードを使う店舗は手数料を原則無料にする一方で、ＪＰＱＲに乗り換える店舗からは1・99％の手数料を取る方針だ。これでは、事態は改善されないだろう。

第2は、日本では手数料が高いことだ。経産省が2017年に公表した調査でも、店舗がキャッシュレスを導入しない理由としては、「手数料の高さ」が最多だった。

とくに高いのがクレジットカードだ。大手クレジットカード各社は、キャッシュレス決済のポイント還元制度終了後を見据え、対応策を協議していた。各社はそもそも加盟店の手数料を開示していなかったが、実態は最大7％程度の場合もあった。

法人企業統計調査によると、売上高営業利益率（売上高に対する営業利益の比率）は、全産業で4・26％だ（20年1〜3月期）。小売業、飲食サービス業、生活関連サービス業、娯楽業ではさらに低く、2・5％程度でしかない。カード決済の手数料が7％では、大幅な赤字になってしまう。

こうしたことを背景に、経済産業省がキャッシュレス事業者の決済手数料の公表を決めた。手数料が店舗の大きな負担となっている実態に鑑み、海外に比べて高い日本の決済手数料に「メス」を入れるとされる。

先に述べたように、政府は、キャッシュレス化促進のため補助策を行なった。しかし、この制度は、20年6月末に終わった。そうなると、手数料を元に戻す決済事業者も多く、その結果、キャッシュレス対応をやめる商店が多いのではないかといわれる。

ペイペイなどスマートフォンを使ったQRコード決済の場合は、ポイント還元期間中は、手数料を3・25％以下に抑えた。しかし、これでも、店舗は、利益の大部分を吸い取られることになる。還元期間が終われば、さらに引き上げられる可能性もある。

中国でアリペイなどの電子マネーの利用が進んだのは、手数料がゼロだからだ。また、仮想通貨の場合も手数料はゼロに近くなる。日本でキャッシュレスが進まないのは、電子マネーの手数料が高すぎるからだ。ポイント還元策のような一時的な施策ではなく、手数料の根本構造を変えていく政策が必要だ。

日本は絶好のチャンスを逃がしつつある

以上をまとめると、ネットショッピングにしてもキャッシュレスにしても、「消費者は使いたいと思っているにもかかわらず、供給側でそれに対応できない」という面が強いと思われる。

在宅勤務について、「日本では、従業員は望んでいるにもかかわらず、企業が認めない」と述べた。ネットショッピングやキャッシュレスの状況も、同じようなものだといえる。

こうした変革は、コロナがなくとも、日本の生産性向上のために進めるべきものだ。たまたまコロナという異常事態が、変革の必要性をはっきりした形で示しただけだ。だから、日本企業は、本来であれば、この機会を捉えて改革を進めるべきだ。

日本企業は、コロナという千載一遇のチャンスを逃しつつある。それによって、日本は世界の潮流からさらに立ち遅れていくことになる。

5 オンライン教育と教育格差の拡大

世界の学校でオンライン教育が導入された

新型コロナウイルスの感染拡大で、世界各国の学校が閉鎖になった。日本でも、2020年3月2日から小中高校が一斉休校となった。現在は再開しつつあるが、今後どうなるか分からない面もある。

通常の授業ができないため、世界の多くの国が一斉にオンライン教育を導入した。とくに欧米では、かなり迅速にオンラインに移行した。アメリカでは多くの学校が3月以降にオンライン授業に移行し、K－12（幼稚園年長から高校3年生まで）の教育現場で、急速にデジタルトランスフォーメーションが進んだ。

JETROの資料によると、中国では、19年6月時点と比べると、オンライン教育の伸びが81・9％増と目立った。利用者数は4億人超、利用率は46・8％となった。18年12月時点での利用率は24・3％だったので、2・1倍だ。

この背景として、同資料は新型コロナウイルスの感染拡大の影響を挙げる。全国の小中学校、高校、大学で新学期の開始が延期され、オンライン学習に切り替わった。国家教育部は1月27日に授業開始の延期を通知したあと、1月29日には、小中学校の休校期間中はオンライン授業を受けることで学習を継続するとした方針をウェブサイトに掲載した。

韓国では4月9日以降、小学校から高校までの全学校でオンライン授業が順次開始された。塾などでは導入されつつあったが、学校現場では初めての試みだ。香港やインドでも導入された。

日本の公立校は立ち遅れる

ところが日本では、オンライン授業の普及は私立校などの一部にとどまり、公立校での実施は、ごく一部だ。

文部科学省の4月16日時点の調査によると、休校中または休校予定の1213自治体のうち、デジタル教材を使うのは29%で、双方向型のオンライン指導をするのはわずか5%だった。「ハフポスト日本版」が都内23区にオンライン授業に関するアンケート調査を行なったところ、オンライン授業を行なう予定があると回答したのは港区だけだった。他の区は検討中、あるいは予定なしだった。

港区は、各小中学校に1台ずつスマートフォンを配布し、教師が動画を撮影。簡単にできる運動の紹介や教科書に掲載されている問題の解説などをYouTubeで限定公開したという。また、自宅で学習を進めてもらう狙いで、民間のオンライン学習サービスのIDも付与した。

デジタル機器利用率がOECD調査で最下位

経済協力開発機構（OECD）は、2018年に79カ国・地域約60万人の15歳（日本の高校1年生）の生徒を対象にデジタル機器利用率の調査を実施した。

「1週間のうち、教室の授業でデジタル機器をどのくらい利用しますか？」という問いに対する結果を見ると、「国語」の場合、日本は「利用しない」が83・0%だった。OECD平均は48・2%なので、大きな開きがある。調査対象国の中で、日本は最下位だった。

「数学」「理科」「外国語」「社会科」「音楽」「美術」についても、同様の結果となった。
学校外でPCなどを使って宿題を「毎日」「ほぼ毎日」する生徒の割合も、日本は3％で、加盟国平均の22％を大きく下回っている（OECD「生徒の学習到達度調査（PISA）」18年調査補足資料）。

教育格差の拡大

日本でオンライン教育の導入が進まないのは、公立校だ。私立校の取り組みは早く、一部の私立高校ではすでにオンライン授業が定着しつつある。

「LINEリサーチ」が4月中旬、全国の高校生約900人に実施したアンケートによると、オンライン授業が取り入れられている比率は、国公立校で9％だったのに対し、私立校では26％だった（「オンライン授業への対応率は高校生で1割強、大学生も5割弱にとどまる」2020年4月28日配信）。

私立の幼稚園では、園児を対象にZoomのミーティングをやっているところもある。

このように、学校間のデジタル格差が広がっている。デジタル格差は、教育そのものの格差だ。そして、未来の社会における生活格差につながる。

もちろん、基礎教育がオンラインだけで済むわけではない。学校に集まることによって集団生活・社会生活の訓練をするのは重要なことだ。したがって、オンライン教育に、新型コロナウイルスの時代の特殊事情があることは事実だ。

しかし、オンライン教育は、新型コロナウイルスの時代においてのみ必要なものではない。本来は、オンライン教育が地域格差を是正する重要な役割を果たせるはずだ。例えば、図書館がないような僻地《へきち》の学校の生徒でも、ネットで書籍を読める。あるいは、外国語の勉強で、ネイティブの発音などを簡単に聞くことができる。

日本は、もともと進めるべきオンライン教育を進めてこなかったのだ。前述のOECDの調査結果は、それによってもたらされたものだ。

なぜ日本で進まないのか？

日本ではなぜ基礎教育のオンライン化が進まないのだろうか？

前述の「ハフポスト日本版」の調査で、港区以外の区で検討中、あるいは予定なしとなっている理由は、「端末の用意ができない」「家庭環境に差がある」「セキュリティ上好ましくない」「ノウハウ不足」などとなっている。

他方で、「オンライン授業を行なわなくても対応可能」とした区はなかった。つまり、「オンライン授業が必要ないから行なわない」というのではなく、「必要だが行なえない」ということとだ。

「すべての家庭がＰＣやスマートフォンを持っているわけではないし、インターネットに接続できない家庭も多い」としばしば指摘される。そのとおりだ。

しかし、日本はスマートフォンも買えないほど貧しい国だろうか？　１人当たりの所得で見れば日本よりずっと低い中国が、前述のように簡単にオンライン教育に移行しているのだ。

要は、日本人の意識がいまだにインターネット社会に移行しておらず、紙と電話の時代にとどまっているということにあるのではないだろうか？

「オンライン教育を行なうインフラがない」とか「セキュリティの問題がある」というのだが、港区がやったようにYouTubeで動画を公開することなら、いまや小学生でもできる。

「教員にノウハウがない」というが、オンライン教育は「ノウハウが必要」というほど技術的に高度なものではない。要はやる気があるかどうか、熱意があるかどうかだ。

文部科学省のネット環境も整備してほしい

文部科学省は、２０２０年7月10日、「２０１９年度文部科学白書」を公表し、全国の学校や児童・生徒のネット環境を整える「ＧＩＧＡスクール構想」を加速するとした。

この構想は19年末に打ち出されたもので、小中学生に１人１台のデジタル端末を用意するこることを目標にしている。一斉休校を受けて、目標達成の時期を23年度から20年度中に前倒しすることを決定。新型コロナ対策の補正予算に2292億円を盛り込んだ。

しかし、PC整備の予算を確保すれば、それで問題が解決できるとは思えない。

第1に、なぜ公的な補助がないと機器が整備できないのだろうか？　すでに述べたように、日本の1人当たり平均所得はPCが買えないほど低いとは思えない。

第2に、一度機器を購入すれば済むわけではない。維持やサポートが必要だ。通信費も必要だ。これらについても、国が補助することになるのだろうか？

第3に、単位認定の仕組みも、オンライン授業を想定したものになっていない。例えば、学校教育法施行規則は、通信制を除く高校においてオンラインで取得できる単位を、全課程の修了要件の5割弱と定めている。

要は、右に述べたように、関係者にやる気があるかどうかではないだろうか？

ところで、各省庁の白書は、普通は公表されればウェブで全文が読める。ところが、前記の白書については、簡単な「概要」が公表されただけで、7月10日の段階では、全文はウェブでは読めなかった。「令和元年度文部科学白書の公表について」という発表文には、「令和2年7月下旬刊行予定」と書いてあるだけだ。

学校のネット環境を整えることも重要であるが、文部科学省のネット環境も整備してほしいものだ。

大学教育も大きく変わる

オンライン学習の活用は大学が一歩進んでいる。

ほとんどの大学が導入した。ただし、大学によってかなりの差がある。また、集中アクセスによるシステムダウンなどの問題も生じた。大学側のインフラが十分でない実態がよく分かる。

なお、アメリカではやや複雑な事情もある。多くの大学がキャンパスを閉鎖し、秋からはオンライン授業を予定しているが、オンラインであれば、従来と同じ授業料はおかしいという議論が起きている。コロンビア大学、パデュー大学、ミシガン州立大学など、全米の学生が返金を求めて訴訟を起こした。

この背後には、アメリカの大学や大学院の授業料が非常に高いという事情がある。オンラインのみのカレッジが数分の1の費用で同様のコースを提供しているので、リモートだけのクラスに3万ドル以上の学費を支払うよう学生を説得することは難しい。対面教育にそれだけの価値があることを示す必要がある。

なお、社会人教育には、MOOC（Massive Open Online Course：ムーク）というシステムがある。世界中で約1億1000万人が受講している。

インターネット上で誰もが無料で受講できる大規模な開かれた講義だ。条件を満たせば修了証が与えられる。ハーバード大学、スタンフォード大学などがMOOCを行なっている。スキル系の習得は、今後オンラインに100パーセント集約される可能性もある。

6 オンライン診療を阻む巨大な壁

世界ではオンライン診療が急拡大

オンライン診療は、世界各国で急増している。アメリカでは、2020年のオンライン診療回数が、感染拡大前の予想の30倍近くに増えると見通されている。

この原因としては、つぎのようなことがあげられる

第1に、新型コロナウイルスの感染拡大で、病院へ通うのが難しくなったこと。

第2に、新型コロナウイルス治療に集中するため、ニューヨーク市などで多くの病院が緊急以外の外来患者の受け入れを中止したこと。

第3に、医療保険の適用を拡大したこと。アメリカ政府は20年3月、公的医療保険メディケアにおいて、オンライン診療の保険適用範囲を大きく拡大した。州政府も民間保険会社に保険の対象とするよう指示した。

イギリスでは、国民保健サービス（NHS）が、バビロンヘルス社の開発したオンライン診療アプリに保険を適用している。このアプリには、人工知能（AI）による症状の分析とオンライン診療の2つの機能がある。軽度の症状の診察はAIが行ない、本格的な診療や薬の処方はオンライン診療が行なう。

中国では、すでに19年夏にオンライン診療を公的医療保険の対象とする方針を打ち出している。医師不足の中国では、もともとオンライン診療のニーズが強い。中国の調査会社によると、春節（旧正月）期間におけるオンライン診療アプリの利用者数は、前年より約3割増えた。

代表的なアプリが「平安好医生」（平安グッドドクター）だ。これは、時価総額が中国最大の保険会社である中国平安保険の傘下企業が提供するサービスで、医師とオンラインで健康相談ができたり、薬の手配ができたりする世界最大の遠隔医療プラットフォームだ。登録者数は3億人を超え、診療回数は1日約73万回に達している。

日本ではなかなか進まないのが実情

日本では、これまでもオンライン診療は形式的には認められていた。２００３年３月に、「対面診療と適切に組み合わせて行なわれるときは、遠隔診療によっても差し支えない」ことが確認された。

18年度の診療報酬改定において、診療報酬にオンライン診療料等が創設された。ただし、３カ月の受診歴が必要で対象も慢性疾患に限られるなど、制約が大きかった。

ところが、新型コロナウイルス感染症拡大期の「時限的・特例的な対応」として、これまで通院中の患者に対してしか認められていなかった「オンライン診療」が20年４月10日以降、初診から利用できるようになった。

ＰＣやスマートフォンなどで医師の診療を受け、支払いはクレジットカードでできる。病院から薬局に処方箋《せん》が送られ、最寄りの薬局で薬を受け取ることができる。院内感染を回避することができるうえ、通院途中での感染の危険も防止できる。また、病院で長時間待たなくて済む。もともと要請が強かったものだが、コロナ感染の広がりに伴って要請がさらに高まり、これまであった制約が緩和されたのだ。

では、実態はどうだったか？

私の個人的な経験を述べよう。ある病院で定期健診をしているのだが、場所が遠い。そこで、近くの病院で血液検査をして、その結果をいつも通っている病院に電話で伝えることで、定期健診に替えようと思った。近くの病院に電話をしたのだが、「紹介状が必要」等々の面倒なことをいわれて、結局のところ諦めた。つまり、オンライン診療にたどり着く前の状態で躓《つまず》いてしまったのだ。

この病院ではこれまでに何度か診療を受けたことがあり、カルテがある。それでも、このような状況だった。

「まったく話にならない」というのが実態だ。これは、緊急事態宣言が発令されていた最中のことだ。いまなら、最初から門前払いされることだろう。

技術はずっと先を進んでいる

私はそのとき、ある大手製薬会社が提供しているオンラインの血液検査キットをウェブで注文して購入した。自分で採血をして血液を容器に密閉して郵送すると、数日で結果を教えてくれる。あまり安価なものではないが、病院まで出掛けなくても正確な結果を知ることができるのは、大変便利だ。そのときは、結果に異常値がなかったので、随分、安心した。

技術的には、すでにこうしたことが可能となっている。いや、中国では、もっと進んだことが行なわれている。

2013年に設立されたインターネット専業の損害保険会社である衆安保険は、糖尿病患者を対象とした医療保険を提供している。このシステムでは、テンセントが開発したタッチパネル式の測定端末で血糖値のデータを取り、血糖値が規定値を下回れば、保険金が増額される。

この「測定端末」がどういうものなのか、詳細は分からないが、「タッチパネル式」というのだから、血液検査キットよりさらに簡単に血液検査ができるのだろう。

こうした最先端技術を駆使すれば、家にいたままで、かなり詳細なデータを医療機関に送ることができる。右に述べたように、イギリスでは、国民保健サービスが、ＡＩの自動診断を導入している。

こうした技術進歩を考えると、以下に述べる日本でのオンライン医療に対する硬直的な姿勢はまったく理解できないものだ。

医師会が反対

海外では、コロナ以前からオンライン診療に積極的に取り組んでいたのに対し、日本では、コロナ対策としてやむをえずオンライン診療を認めたという面が強かった。

日本医師会は、初診からのオンライン診療は、情報のない中での問診と視診だけの診療や処方となるため、大変危険であると、従来から主張してきた。

そして、今回の措置が「時限措置」であることが強調されている。

日本医師会の松本吉郎常任理事は、緊急事態宣言が延長されたとき、記者会見で「初診からのオンライン診療は、情報がない中で診療をするため、大変危険だと指摘してきた。今回の政府方針は、非常事態のもとでの例外中の例外という認識だ」と述べている。

そして、実際、特例として導入はされたものの、元に戻りそうだ。

「オンライン診療が危険だ」という論理は理解できない

「オンライン診療だと、重大な疾患等を見逃した場合には、医師が責任を問われる」といわれる。確かにそうだろう。それは分かる。しかし、少しでも疑いがある場合には来院することを求めればよいのではないだろうか？

患者としても、あらゆる場合にオンライン診療だけで済ませたいなどとは思っていない。実際に通院しているのは、定期健診的な場合が多い。とくに高齢者の場合はそうだ。「病院に行ったところで、血液検査をしたあとは、医師と話をするだけ」という場合が少なくない。

先に述べたように、近くの病院で血液検査だけをしてもらえるなら、あとは定期健診をしている病院にその結果を伝え、それをもとにオンラインで診断をしてもらい、薬の量を調整する、といったことで十分な場合が多い。しかし、私の経験では、それさえもままならなかった。

また、システムの導入費用が高いことや、個人情報流出などの問題があるともいわれる。そうした問題があることも分かる。しかし、「だから導入できない」と一概に結論づけることはできないと思う。もし本当に必要なものであれば、個人情報流出などに万全の備えをし、かつ必要な費用をかけても導入すべきではないだろうか？

オンライン診療が導入できない本当の理由は、別のところにあると考えざるをえない。「オンライン診療は診療報酬が低く設定されているため、経営面を考えると導入を控えざるをえない」といったことはないだろうか？

私は、「病院は経営事情を考えるべきでない」といっているのではない。経営できなければ、医療サービスを安定的に供給することはできないからだ。

しかし、多くの患者がオンライン診療を望んでいるのであれば、病院がそれに対応できるように診療報酬の体系を見直していくことが必要だろう。アメリカで保険適用対象を広げたためにオンライン診療が広がったという事実も参考にすべきだ。

情報技術の進歩に合わせて医療制度を改革していくことは、コロナが終息したとしても求められることだ。それは、ニューノーマルの社会を構成する重要な要素となるだろう。

7　ニューノーマルは産業構造や地域構造を変える

Zoomの飛躍的な成長

ニューノーマルは、産業構造にも大きな影響を与えている。

いま、飛躍的に成長を続けている企業として、テレビ会議のサービスを提供しているZoomがある。コロナ禍で在宅勤務が増えたことから、利用者数が急増した。2019年12月には1000万人程度だったが、20年4月時点では3億人に達した。

時価総額は、20年6月19日時点で689億ドル（約7兆円）だ。これは、アメリカの航空最大手7社の時価総額（5月15日時点で438億1000万ドル。当時のZoomの時価総額が488億ドル）を上回っている。

これまでは、移動して仕事をする必要があったので、航空会社のサービスが重要だった。ところが、コロナで移動が制限されたために、航空会社の売り上げが急減し、時価総額が減った。

それに対して、Zoomが提供しているのは、移動しなくても仕事ができる仕組みだ。それが航空会社のサービスに取って代わったのだ。そして時価総額が増えた。前記の数字は、「移動からリモートへ」という変化を象徴している。

Zoomを創設したのは、エリック・ユアン（袁征）だ。中国山東省で炭鉱技師の子として生まれた。山東科技大学で応用数学とコンピュータサイエンスを学んだあと、渡米。1997年にビデオ会議ツールのWebexに入社。2011年に退社してZoomを立ち上げた。

GAFA＋Mの時価総額は東証1部を上回った

アップル、アルファベット（グーグルの持ち株会社）、アマゾン・ドット・コム、フェイスブックは、GAFAと呼ばれている。これらにマイクロソフトを加えた企業群（GAFA＋M）は、ニューノーマルへの動きをリードしている。

グーグル、フェイスブックはコロナ禍で広告料収入が減ると考えられたが、業績は堅調だ。2020年1〜3月期決算は、5社とも増収を確保し、最終損益も増収率が26％と最も高かったアマゾンは、電子商取引からクラウドコンピューティングサービスにいたるまで、危機への適応力と耐久性が高いことを示した。

20年4月に、GAFA＋Mの時価総額の合計が、東証1部約2170社の時価総額の合計を上回った。10年1月時点では、フェイスブックは上場しておらず、東証1部がGAFA＋Mの

5倍程度だった。16年末時点では、東証1部が2倍以上大きかった。約3年半で東証1部の時価総額が4%程度減少したのに対し、マイクロソフトの時価総額は2・8倍、アップルも2・1倍になったため、このような状態になったのだ。

日本ではキーエンスが急成長

以上で述べたのは、アメリカには将来を担う企業があるのに対して、日本にはないことを示している。ただし、皆無というわけではない。

トヨタ自動車に次ぐ日本で時価総額2位の企業は、一時、ソフトバンクグループからキーエンスになった（2020年8月初旬では第4位）。同社の主力製品は、省人化に役立つファクトリーオートメーション（FA）機器向けのセンサーや、研究開発に使う計測器だ。

日本の製造業の売上高に対する営業利益率は5・5%だ。それに対して、キーエンスの2019年3月期（18年度）の決算は売上高5870億円、営業利益3178億円で、営業利益率は54%だった。売上高営業利益率が過去6期のすべてで50%を超える。新型コロナウイルス感染拡大で企業の設備投資が減速した前期（20年3月期）も同利益率は50・3%だった。

キーエンスは、工場を持たない「ファブレス経営」だ。開発と営業に特化している。そのため、設備関連費や労務費が極端に少ない。平均年齢は35・8歳で、年間平均給与は2110万円だ。

リモート化が都市構造や地価の分布を変える

多くのオフィスワークにとって、実際のオフィスの大部分はいらないことが分かった。それらを在宅に切り替えられるからだ。コロナが終わったとしても、都心のオフィス需要は大きく減少するだろう。

オフィスだけではない。ホテルや商業施設もいらなくなる。リモート化が都市構造や地価分布に与える影響は大きい。

ところで、東証REIT指数と都心5区のオフィス賃料には、これまで一定の相関が見られた。そこで、REIT価格の最近の動向を見ると、つぎのとおりだ。

2020年2月までは2000を超える水準であり、2月20日に2250の高値をつけた。ところが、コロナウイルスの感染拡大の影響で、3月19日には1145とほぼ半分にまで下落した。これは、約3割の下落だった株価より大きな下落率だ。その後回復したが、株価の回復に比べて回復率は低くなっている。

このことは、都心オフィス需要の先行き減少を見越したものと解釈できるだろう。

以上で見たニューノーマルへの移行は、都市の様相を大きく変える可能性がある。

日本全体として見た場合には、過疎地や地方都市が、リモート化のメリットをより多く享受すると考えられる。

都市の内部においても、土地利用のパタンが変わるだろう。鉄道駅の近くでなくても利便性が高まるので、地価分布はより平準化されたものになる可能性がある。つまり、駅から離れていた場所が住みやすくなるので地価が上がり、逆に駅の近くの場所は相対的な優位性を失うのだ。

現在、アメリカでは、アマゾン・エフェクトによって実店舗が縮小しているが、この動きが決定的になる可能性がある。

第8章

生産性の引き上げが急務

1 韓国に1人当たりGDPで追い抜かれた日本

ニューノーマル移行の困難性と生産性の低さは同根の問題

第7章で見たように、ニューノーマルへの移行に関して、日本は世界の趨勢や、あるべき姿から大きく立ち遅れている。

技術的に遅れているというよりは、古い技術に対応した社会構造が強固に形成されるために動けないという側面がある。

ニューノーマルに移行すれば、職や地位を失う人がいる。そうした人々が抵抗勢力になる。リモートはあくまでも代用品と考えている。そして、使える技術があるのに使わない。こうして悪循環が起きている。

ところで、本章で述べるように、日本の生産性は著しく低い。ニューノーマルへの移行が進まないことと日本の生産性の低さは、同根の問題だ。すなわち、ニューノーマルへの移行を妨げている要因（成果主義をとれない、紙とハンコの文化、高コスト構造、既得権益の存在等）

図表8-1　1人当たりGDPと労働生産性（2018年）

	A 1人当たりGDP	B 労働生産性
アイルランド	84,575	185,842
アメリカ	62,852	130,300
ドイツ	54,456	100,655
フランス	46,242	110,653
イギリス	46,885	96,010
日本	41,501	76,189
韓国	42,135	81,071
スロベニア	38,785	78,730
トルコ	28,454	80,642

（注）単位:ドル
（資料）OECD, Level of GDP per capita and productivity - most recent year

が、同時に、日本の生産性の低さの原因ともなっているのだ。

これまで日本経済の生産性向上を阻んできた要因を、コロナがあからさまにした。

本章では、この問題について考えることとしよう。

1人当たりGDPで韓国が日本より上位に

先進国が加盟するOECD（経済協力開発機構）のホームページに衝撃的な数字がある。

図表8－1は、その一部を抜き出したものだ。Aは2018年における1人当たりGDPの数字である。

日本は4万1501ドルで、アメリカの6万2852ドルの約66・0%だ。アメリカとの差はよく知られているので、あまり衝撃はないかもしれない。

大きな衝撃は、韓国の数字が日本より大きくなっていることだ。韓国だけではない。表には示していないが、すでにイタリアに抜かれており、スペインにも抜かれそうだ。

1990年代、日本の1人当たりGDPはアメリカよりも高かった。それが、いまやこうした状態になっている。これは、ショッキング以外の何物でもない。

こうしたことになるのは、日本の労働生産性が低いからだ。労働生産性とは、就業者1人当たりのGDPだ。この数字は、図表8－1のBに示されている。

ここには、1人当たりGDPよりもさらに深刻な状況が見られる。日本はアメリカの58・5%でしかなく、韓国以外に、トルコやスロベニアにも抜かれている。まさに「惨憺《さんたん》たる状況」としかいいようがない。

現実は大きく変わった

日本では、韓国の問題点がよく報道される、確かに問題が多い。とくに文在寅《ムンジェイン》政権の対日政策は、基本的に誤っていると考えざるをえない。しかし、韓国の経済が成長していることも事実なのである。これは率直に認めなければならない。

例えば、韓国では次世代通信である5Gの商用サービスがすでに開始されている。それに対応したスマートフォンでも、サムスン電子やLG電子の製品が大きなシェアを占めている。大学のランキングでも、後述のように韓国は力を蓄えつつある。国際機関のトップの座に就く韓国出身者も増えている。

1人当たりGDPで日本との差を縮めつつあるのは、韓国だけではない。中国の1人当たりGDPは、2000年には日本の3％でしかなかった。しかし、20年には、すでに日本の27％になっている。IMFの予測だと、22年に日本の3分の1程度になる。

OECDの推計によると、中国の1人当たりGDPは、40年には3万3421ドルとなって、その時点の日本の61・5％になる。60年には4万9360ドルとなって、日本の63・9％になるのだ。

日本はアジアで最初に工業化した国であり、1980年代には世界経済における地位が著しく向上した。その状況がいまでも続いていると考えている人が、日本には多い。しかし、現実の世界は、すでに大きく変わってしまっている。

日本生産性本部のデータより現実的

日本の生産性については、日本生産性本部が2019年12月に「労働生産性の国際比較

２０１９」を公表している。これは、ＯＥＣＤが19年11月に公表したデータに基づくものだ。それによると、就業者１人当たりで見た18年の日本の労働生産性は、８万１２５８ドル（８２４万円）で、順位はＯＥＣＤ加盟36カ国中21位だ。アメリカは13万２１２７ドル（１３３９万円）で日本の約１・６倍だ。ＯＥＣＤ加盟国中のトップはアイルランドで、17万８８７９ドルと日本の約2・2倍となっている。

この結果は、日本の生産性が諸外国に比べて極めて低いことを示すもので、大きな反響を呼んだ。確かにショッキングな結果だ。しかし、このデータでは、日本は韓国よりも上位にある。その意味では、図表８－１のデータは、日本生産性本部のデータよりさらにショッキングなものだ。

どちらもＯＥＣＤの18年のデータを用いているのに、なぜこのような違いが出てくるのか、不思議に思われる方が多いだろう。

違いが生じる原因は、自国通貨建ての数字をドルに換算するときに用いる為替レートの違いによるものだ。日本生産性本部のデータは、日本の値をドルに換算するのに、１ドル＝98・6円というレートを用いている。それに対して、図表８－１の場合には、１ドル＝１０４円というレートが用いられている。

日本生産性本部の数字は、現実のレートに比べると、非現実的なほどに円高だ。図表８－１

の数字のほうが現実的なものだと考えられる。

この問題はやや複雑だ。これについては、本章の補論で説明している。

生産性の向上は喫緊の課題

日本と韓国は、1人当たりGDPや労働生産性について現在はほぼ同じレベルなので、右に見たように、いかなる評価基準を用いるかで順位は微妙に異なる。

しかし、これまでの推移が今後も継続するとすれば、どんな指標で見ても、韓国が日本より生産性が高く、豊かな国になるだろう。

ところが、こうした変化が起きていることが、日本ではなかなか気づかれない。

それは、円で評価するかぎり、日本の生産性は上昇しているからだ。(注) 法人企業統計で見ても、従業員1人当たりの付加価値は、最近時点までは増加している。こうした数字を見ていると、問題はないように思えてしまう。しかし、実は、つぎの3つの問題があるのだ。

第1は、日本より他国のほうが生産性の水準が高いことだ。これまで見たOECDや日本生産性本部の労働生産性のデータでの国際比較順位がそれを示している。

第2は、生産性の上昇率も他国のほうが高いことだ。

第3は、円がしばらく前までは減価していたことだ。これは、購買力平価を用いるデータでは捉えられない。

日本経済の問題として、出生率の低下によって人口が減少することがしばしば指摘される。しかし、ここで問題としている労働生産性は、1人当たりのものであり、人口減少とは直接の関係はない。日本経済の本当の問題は、人口減少ではなく、1人当たりの生産性が低いことなのである。

そしてこれは、金融緩和や財政拡大政策によっては解決できない問題だ。金融緩和は円安を進めることで、むしろ問題を悪化させる。アベノミクスで金融緩和が行なわれていた間に、これまで見たような問題が進行したのだ。

この問題に対処するのは、喫緊の課題だ。日本の生産性がなぜこれほど低いかを、明らかにすることが必要だ。そして、日本の生産性を向上させることに、真剣に取り組む必要がある。

（注）ただし、就業者1人当たりの実質GDPは2018年には減少した。

2 もはや先進国とはいえない日本

日本の1人当たりのGDPはOECD諸国で最下位グループ

1で述べたように、1人当たりGDPや労働生産性で韓国が日本を抜いた。他のOECD諸国との比較でも、日本の地位はかなり低くなっている。

図表8－2、図表8－3は、1人当たりGDPの数字だ。図表8－2にはOECDの平均値（4万6184ドル）よりも高い国を、図表8－3には低い国を集めた。日本はOECD平均値よりも低いので、図表8－3に入る。日本の1人当たりGDPは、4万1501ドルであり、OECD平均値より約1割低い。

アメリカの66％であり、第1位のルクセンブルクの約3分の1でしかない。アイルランドの約半分でしかないのを見て、多くの日本人は驚くだろう。これらの国々は、脱工業化を果たして高度サービス産業中心の経済構造に移行しているので、生産性が高くなるのだ。

しかし、製造業の比率がまだ高いドイツと比較しても、日本の1人当たりGDPは低い。

図表 8-2　1人当たりGDP（2018年、高所得グループ）

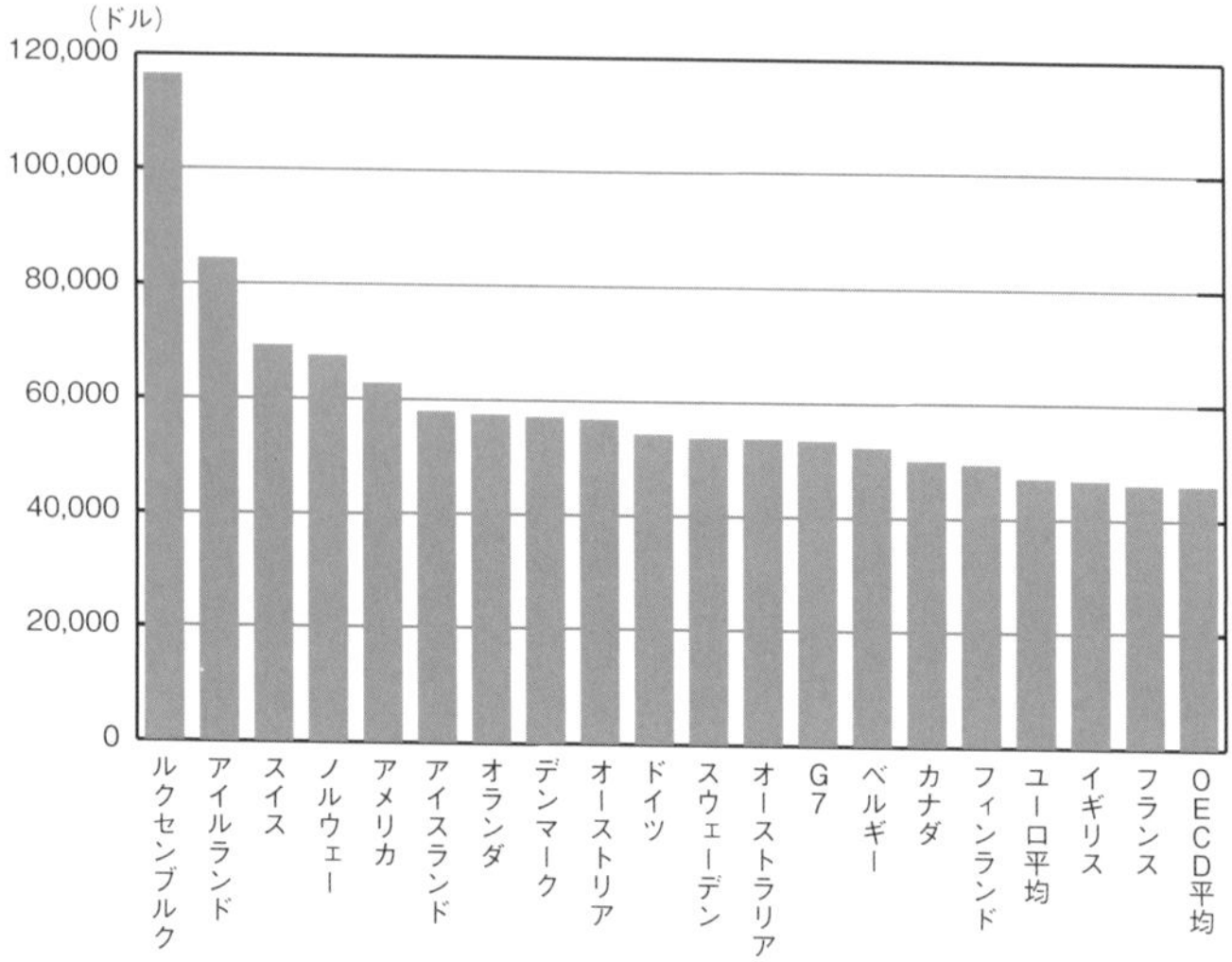

（資料）OECD

西ヨーロッパ諸国のほとんどは、図表8－2の「高所得」グループに入っている。つまり、日本は、西ヨーロッパ諸国の大部分より低所得であるわけだ。

労働生産性は旧社会主義国並み？

低所得グループの中では、日本は上位にあるが、それでも、イタリアと韓国より低位にある。

図表8－4と図表8－5は、労働生産性の数字を同じように並べたものだ。日本は、この分類でもOECD平均値より低い値なので、図表8－5に入る。

1人当たりGDPでも労働生産性でもOECD平均値より高い国を「先進国」と定義するならば、日本は残念ながら先

図表8-3　1人当たりGDP（2018年、低所得グループ）

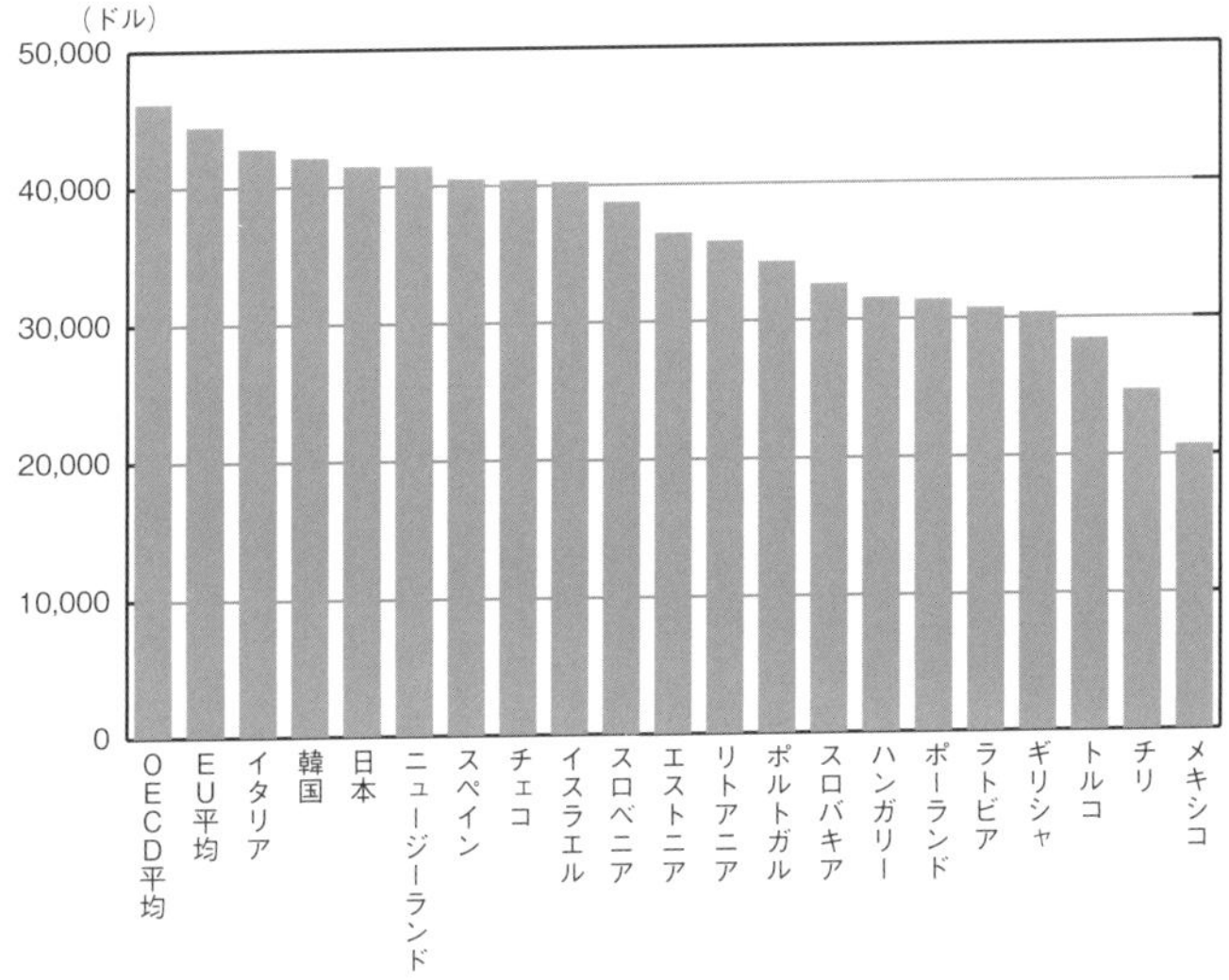

（資料）OECD

進国とはいえない状態になっている。しかも、労働生産性の場合には、日本はOECD平均より低いグループの中でも、かなり低い順位にいる。

1で述べたように、日本は韓国に抜かれているだけでなく、すでにトルコやギリシャにも抜かれている。日本より低いのは、バルト三国やポーランドなど9カ国しかない。これらの大部分は、旧社会主義国だ。

日本はG7加入国の資格があるのか

G7というのは、「先進国」の会議だ。この首脳会議（G7 summit）は、「先進7カ国首脳会議」と呼ばれる。われわれは、この呼び方を当然のこととして、さ

図表8-4 雇用者1人当たりGDP(2018年、高生産性グループ)

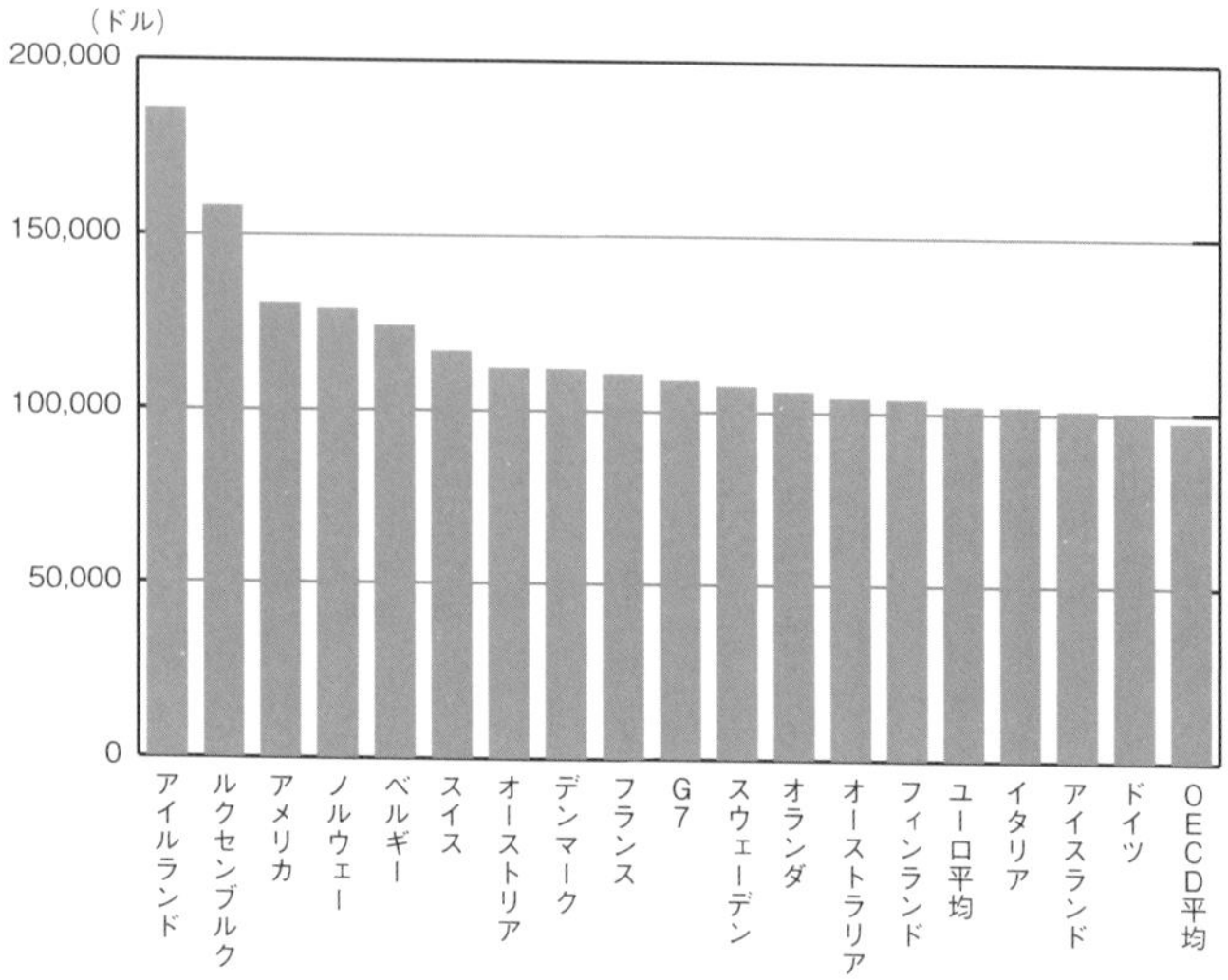

(資料)OECD

して気にもせずに使っている。

しかし、先進国を右のように定義するなら、日本はG7のメンバーの資格を失っていることになる。G7諸国の平均に比べると、日本の値は、1人当たりGDPでは78%でしかなく、労働生産性でいうと70%でしかないからだ。

1978年のボン・サミット当時には、日本と西ドイツが世界経済を牽引《けんいん》する「機関車」になるべきだという議論が盛んに行なわれた。だから、日本が先進国であるのは、議論する余地もない、当然すぎることだと考えられていた。それから40年たって、事態は大きく変わってしまった。

図表8-5　雇用者1人当たりGDP（2018年、低生産性グループ）

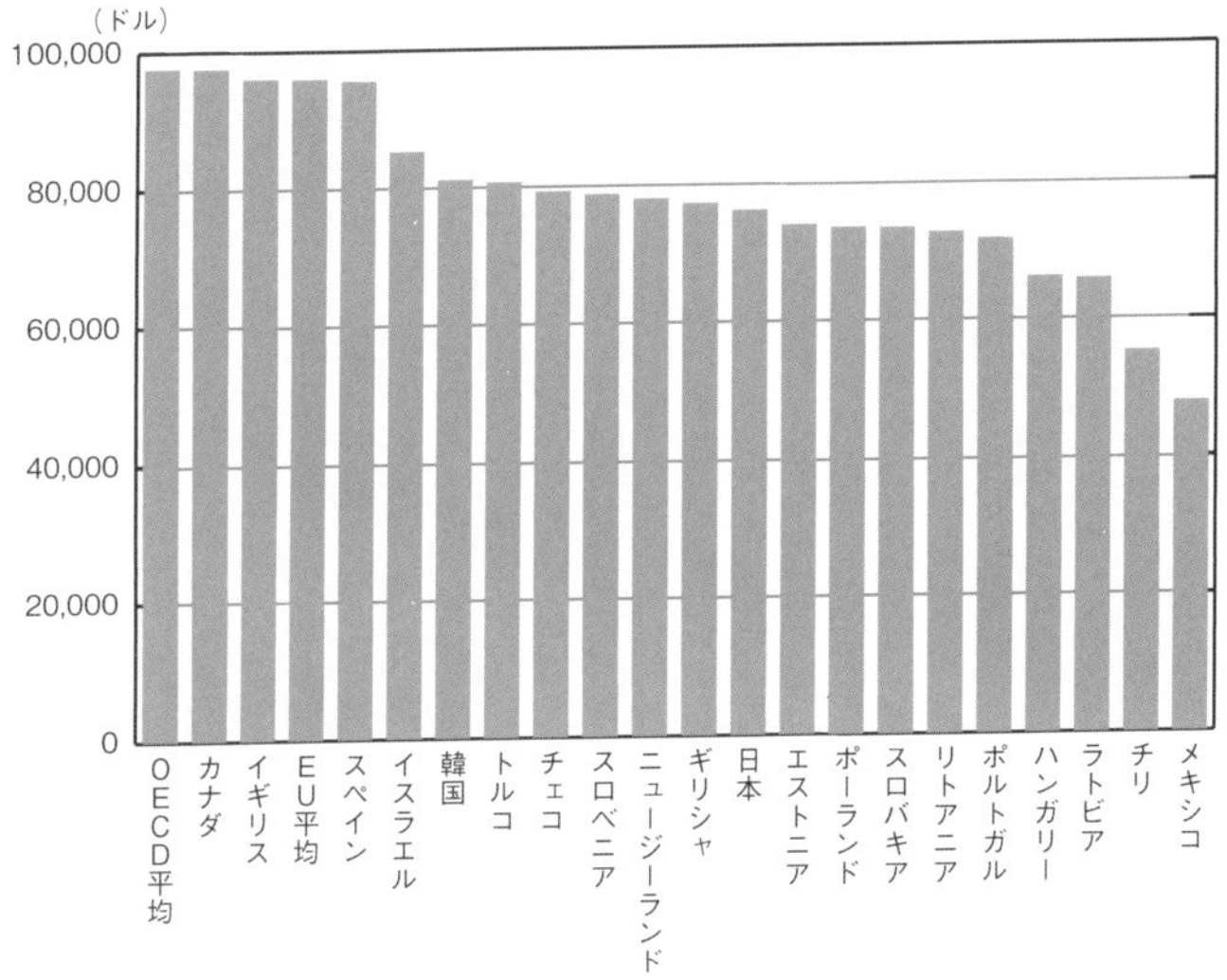

（資料）OECD

アジアでの地位も低下する

日本がもう先進国でないのはやむをえないとしても、問題はアジア諸国との関係だ。

アジア諸国の中でも、シンガポールと香港は、1人当たりGDPで非常に高い値になっている。金融を中心とする高度サービス産業に移行したからだ。アジアの中では例外的に豊かな国であって、もはや日本とは比べようがない。

すでに述べたように、日本は韓国に抜かれた。

ただし、用いる為替レートによって、結果は微妙に変わってくる。

図表8－6には、薄色の線で、現実の為替レートによる2018年の1人当た

図表8-6　1人当たり名目GDP（現実の為替レートによる比較）

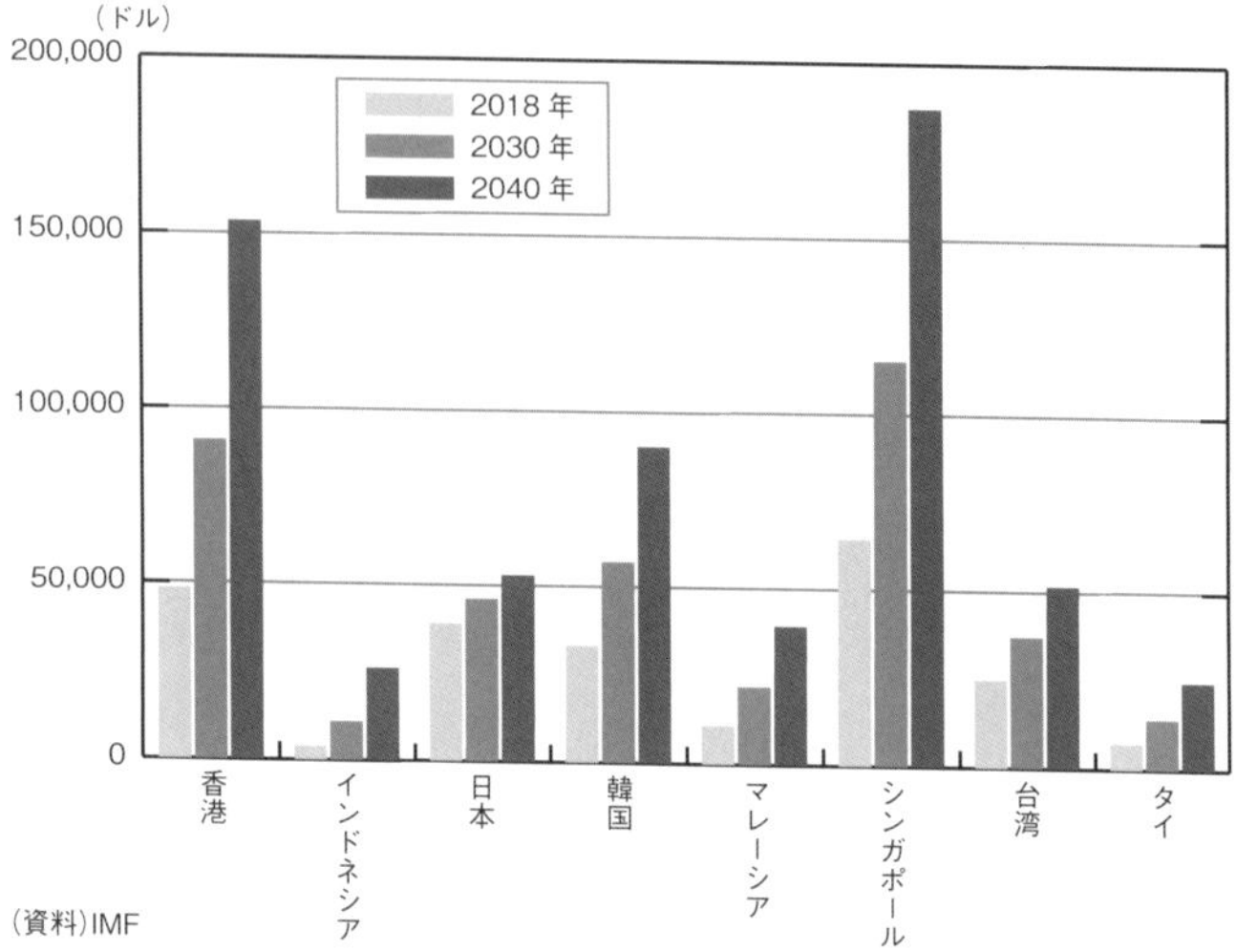

（資料）IMF

りGDPの比較を示した。

これで見ると、韓国（3万3320ドル）は、日本（3万9304ドル）より低い。

しかし、この指標で見ても、いずれ抜かれそうだ。なぜかといえば、自国通貨建てで見た成長率が、韓国は日本より高いからだ。

図表8－7には、自国通貨建ての1人当たり名目GDPの10〜18年の期間の年平均成長率を示す。

香港、シンガポール、インドネシア、マレーシア、タイが年率5％を超える高い成長率だ。韓国は4・6％であり、台湾は3・4％になっている。

それに対して日本は1・4％でしかなく、他のアジア諸国に対して著しく低い。平均成長率は期間によって異なるが、どの期間を

図表8-7　名目GDPの年平均成長率（2010-18年、自国通貨建て）

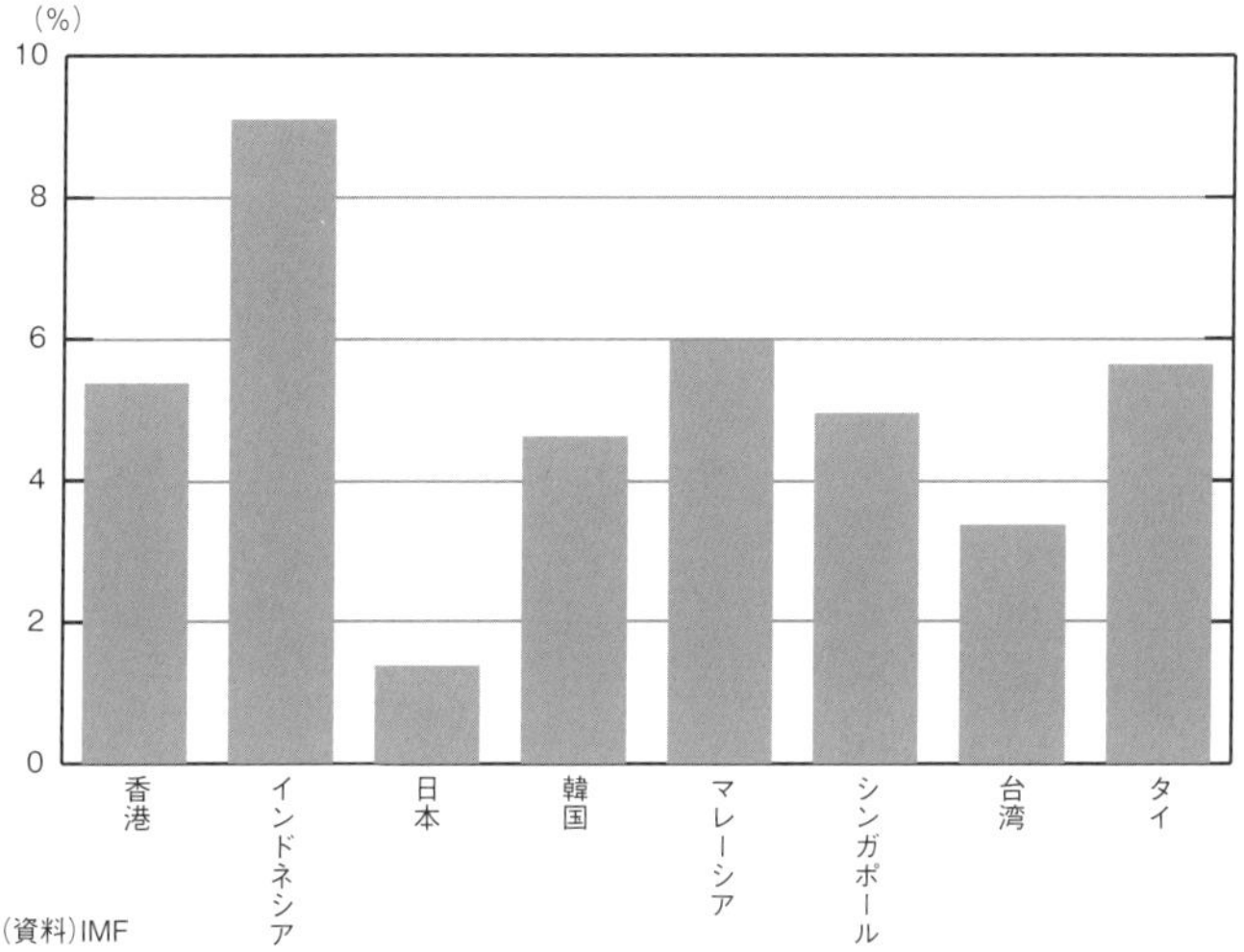

（資料）IMF

とっても日本の成長率が低いことに変わりはない。

そこで、18年の1人当たりGDPを出発点として、図表8－7に示す年平均成長率で今後も成長を続けるものとしよう。すると、30年、40年の1人当たりGDPは、図表8－6の中間色の線と濃い色の線で示すようになる。

これは、今後の為替レートが現在と変わらないとした場合の数字だ。

40年の姿を見ると、日本が5万3209ドルなのに対して、香港は15万3418ドル、シンガポールは18万7184ドルと、日本より遙かに高水準になる。

シンガポールや香港は金融業のような高度サービス産業を中心とする高度産業に移行しているので、現在すでに日本との間に大きな差が開いている。その上、成長率の差もあるので、40年頃に日本には及びもつかないような高度な産業構造になるのは必然だ。

韓国は9万83ドルとなり、日本の1・7倍になる。台湾も、日本とあまり違いがない水準になる。

韓国、台湾、シンガポール、香港は、1970年代以降、急速な工業化と高い経済成長率を達成した諸国・地域で、かつてはNIEs（新興工業経済地域）と呼ばれた。それらの国や地域が、日本を抜き、追い抜いていく時代になったのだ。

さらに注目すべきは、マレーシアが日本の74％になることだ。インドネシアとタイは、それぞれ、日本の49％と47％になる。

製造業の分業も難しくなる可能性

いうまでもないことだが、以上で示したのは、仮定に基づく1つの姿にすぎない。「こうなるだろう」ということではない。成長率に関する仮定を変えれば、結果は大きく変わる。しかし、ありうる1つの未来であることも否定できない。ここに示された姿は、日本にとって厳しい状況であるが、そうなることがありうると自覚することが必要だ。

OECD諸国との比較も、10年前には考えられなかったものだ。ましてや、1980年代には想像もできなかったものだ。80年代末にアメリカで出版された『Made in America』という本は、アメリカが日本の産業を学ぶべきだと指摘した。日本を訪れたイギリスのサッチャー首相は、オートメーションの工場を見学して、日本に学びたいといった。その頃と比べると、信じられないような変化が起きてしまったのだ。

また、右で指摘したことは、日本とアジア諸国の相対的な関係が、今後、大きく変わっていくことを意味している。

現在の日本の製造業者は、タイやマレーシアに工場を持っている。これは、賃金が日本より低いことを前提にして作られた体制だ。しかし、このような分業体制を将来に向かっても維持できるかどうかは、大いに疑問である。日本の産業構造をどう変革していくかを真剣に考えなければならない。

さらに、日本の生産性の水準や伸び率がなぜこのように低いのかを分析し、日本の生産性を高めるための施策を進める必要がある。

3 ノーベル賞は「過去」を、大学は「未来」を表す

清華大学が世界一で東大は134位

日本の1人当たりGDPが伸びないのは、生産性が向上しないからだ。そして、生産性が向上しないのは、技術開発能力が落ちているからだ。そこで、技術開発能力の基礎となる高等教育の状況を見ておこう。

イギリスの高等教育専門誌THE（Times Higher Education）は、2019年9月、20年の「THE世界大学ランキング」を発表した。それによると、アジアのトップは中国の清華大学（世界23位）、第2位は北京大学（同24位）、第3位はシンガポール国立大学（同25位）、第4位が香港大学（同35位）だ。

やっとアジア第5位に、東京大学（同36位）が登場する。

そして、第6位の香港科技大学（同47位）、第7位の南洋理工大学（同48位）と続く。アジアの大学で世界50位以内は、ここまでだ。日本第2位の「京都大学」は世界65位となっている。

世界の上位200校に入る大学数は、中国が7校、韓国が6校、香港が5校、シンガポールが2校となっている。それに対して、日本は、東京大学と京都大学の2校のみだ。このように、大学の実力は、すでに中国、韓国、香港、シンガポールに追い抜かれている。

先端的な分野について見ると、日本の立ち遅れはさらに顕著だ。

コンピュータサイエンスの大学院について、*U.S. News & World Report* 誌がランキングを作成している（Best Global Universities for Computer Science）。

それによると、世界第1位は清華大学だ。以下、第2位が南洋理工大学、第4位がシンガポール国立大学、第6位が東南大学（Southeast University）、第7位が上海交通大学、第8位が華中科技大学（Huazhong University of Science and Technology）となっている。

このように、アジアの大学院が、世界トップ10位のうち6校も占めているのだ。ところが、それらはすべて中国とシンガポールの大学である。日本のトップは東京大学だが、世界のランキングは134位だ。まるで比較にならない状態だ。

ノーベル賞は「過去」の成果を表したもの

「今世紀に入ってからのノーベル賞の受賞者数が、アメリカに次いで世界第2位になった」と報道された。これと、右に見た大学・大学院の状況はあまりに乖離《かいり》している。なぜだろうか？

それは、ノーベル賞は、過去の研究成果に対して与えられるものだからだ。

日本の研究レベルは、1980年頃には、世界のトップレベルにあったのだ。大学の給与で見ても、80年代から90年代にかけては、日本の大学の給与のほうが、アメリカより高かった。アメリカ人の学者が、「日本に来たいが、生活費が高くて来られない」と言っていた。そして、日本の学者は、アメリカの大学から招聘《しょうへい》されても、給与が大幅に下がるので行きたがらなかった。

ノーベル賞に表れているのはこの頃の事情なのだ。ところが、給与の状況は、現在ではまったく逆転している。

日本経済新聞（18年12月23日付）によれば、東京大学教授の平均給与は17年度で約1200万円だ。ところが、カリフォルニア大学バークレー校の経済学部教授の平均給与は約35万ドル（約3900万円）で、東大の3倍超だ。中には58万ドルを得た准教授もいる。

アジアでも、香港の大学教員の給与は日本の約2倍であり、シンガポールはさらに高いといわれる。これでは、学者が日本に集まるはずはない。優秀な人材は海外に行く。

ノーベル賞は過去を表し、1人当たりGDPは現在を、そして大学の状況が未来を表しているのである。

日本の給与水準では高度専門家を集められず悪循環に

日本の給与が低いという問題は、大学に限られたものではない。

グーグルは、自動運転車を開発しているあるエンジニアに対して、1億2000万ドル（133億円）ものボーナスを与えたことがある。これは極端な例としても、自動運転などの最先端分野の専門家は、極めて高い報酬を得ている。

世界がこうした状態では、日本国内では有能な専門家や研究者を集められない。トヨタが自動運転の研究所トヨタ・リサーチ・インスティテュートをアメリカ西海岸のシリコンバレーに作ったのは当然のことだ。

最近では、中国の最先端企業が、高度IT人材を高い給与で雇っている。中国の通信機器メーカーのファーウェイは、博士号を持つ新卒者に対し、最大約200万元（約3100万円）の年俸を提示した。ファーウェイは、ロシアの学生を年1500万ルーブル（約2600万円）で採用した。CIO（最高情報責任者）の年収は、日本が1700万～2500万円であるのに対して、中国では2330万～4660万円となっている。

日本の経済力が落ちるから、専門家を集められず、開発力が落ちる。そして、開発力が落ちるから経済力が落ちる。このような悪循環に陥ってしまっている。

これは、科学技術政策や学術政策に限定された問題ではない。日本経済全体の問題である。

この状態に、一刻も早く歯止めをかけなければならない。

知識やデータが新しい経済価値を生み出す

２０２０年の初め、政府は、20年を「デジタル元年」と位置づけると発表した。この背後には、「知識やデータが新しい経済価値を生み出すようになった」という、経済構造の大きな変化がある。この変化に対応することができれば、世界的に見て低い水準にある日本の生産性を高めるための切り札になるだろう。

これまで、経済的な価値を生み出す資産としては、工場、機械、建築物などの物的な資産が重要な役割を果たしてきた。しかし、それに代わって、知識、情報、データといったものが、新しい経済価値を持つようになったのだ。

企業の時価総額でも、知的生産物の価値が重要な意味を持つようになっている。これはとくに、ＧＡＦＡ（グーグル、アマゾン、フェイスブック、アップル）と呼ばれるアメリカの企業群について顕著だ。

グーグル（アルファベット）やフェイスブックの時価総額の大部分は、ビッグデータの価値であると考えられる。少なくとも、オフィスビルやサーバーなどの物的資産だけでこれほどの価値になるわけではない。

そして、グーグルとフェイスブックだけで、東証1部上場企業の株式時価総額の約4分の1にもなるのだ。グーグルは1998年に、フェイスブックは2004年に創業された新しい企業だ。これからも分かるように、ここで見た変化は、この20年程度の間に起こった新しい変化なのである。

2社の時価総額だけで日本の知的財産総額を超える

経済構造の変化を反映して、国民経済計算でも、2016年から「知的財産生産物」の価値が計上されるようになった。

17年末の知的財産生産物（ストック）は141・6兆円で、総資産の8・1%を占める。ここに含まれるのは、（a）研究・開発（110・0兆円）、（b）鉱物探査・評価（1047億円）、（c）コンピュータソフトウェア（31・5兆円）だ。コンピュータソフトウェアは、総資産の1・8%を占める。

知的財産生産物と時価総額は、評価の対象も方法も違うので、単純には比較できないのだが、グーグルとフェイスブックの2社の時価総額だけで、日本の知的財産総額（141・6兆円）を超えていることに注意すべきだ。

GAFAの研究開発費は日本全体の4割にも

知識やデータの価値が増加しているため、これを得るための投資活動が世界で活発に行なわれている。国民経済計算では、知的投資（フロー）の計数も計算している。それによると、2018年度の日本の知的投資は29・5兆円だ。その内訳は、つぎのようになっている。(a) 研究・開発（19・2兆円）、(b) 鉱物探査・評価（332億円）、(c) コンピュータソフトウェア（10・3兆円）。

この規模は世界の現状と比べてどの程度なのか。まず、これをGAFAの研究開発費と比較してみよう。

首相官邸の「未来投資会議」の資料によると、18年度の研究開発費は、つぎのとおりだ。アマゾン3・2兆円、アルファベット2・4兆円、アップル1・6兆円、フェイスブック1・1兆円。

この4社の合計で8・3兆円となる。これは、国民経済計算における日本の研究・開発投資の43・2％になる。

第7章で述べたように、ニューノーマルへの動きははかばかしくない。しかし、問題意識は高まっている。行政のIT化の遅れに対する批判も強まっている。コロナを契機としてこれを打破することに努めるべきだ。

4 将来に向かって日本が克服すべき課題

生産性の低さはデジタル化の遅れによる

本章で見たように、日本の生産性の低さは、日本経済が抱える最も基本的な問題だ。これは、デジタル化の遅れとほとんど同義といってもよい。

実際、日本のITシステムに大きな問題があることが、新型コロナ禍で明るみに出た。まず政府の事務処理システムにIT化されていない部分が多く、コロナ対策として必要とされるさまざまな課題への対応で問題が生じた。

特別定額給付金申請では、マイナンバーを使ったオンライン申請が可能とされた。しかし、市区町村の住民基本台帳と連携していなかったため、自治体の職員は台帳と照合する膨大な手作業を強いられ、現場は大混乱に陥った。

その結果、100以上の自治体がオンラインの受け付けを停止した。「オンラインより郵送のほうが早い」という信じられない事態になった。その後も、給付金の振込みは時間がかかった。

また、新型コロナウイルスの感染者数把握のためにＦＡＸで情報を送り、手計算で集計していた。この作業が保健所に過大な負担をかけた。

霞が関の省庁間では、コロナ対策を協議するテレビ会議ができなかった。やろうとすると、複数の端末が必要だった。

日本総研の調査だと、国の手続きでオンラインで完結できる割合は7・5％しかない。

さまざまな国際比較ランキングでも、日本の地位は低下し続けている。

２０１２年の国際経営開発研究所（ＩＭＤ）の世界競争力ランキングで、日本は27位だった。これでも決して高いランキングとはいえないのだが、20年版では、日本は過去最低の34位にまで低下した。

デジタル技術では、日本は62位だった。対象は63の国・地域だから、最後から2番目ということになる。

日本政府は、01年の「e-Japan 戦略」で、「5年以内に世界最先端のＩＴ国家となる」と宣言した。20年後の実態は、このようなものだ。

アベノミクスの負の遺産

ところで、日本の国際的地位の低下は、アベノミクスの期間に顕著に進行した現象だ。

アベノミクスの成果として、企業利益が増加し、株価が上昇したことがしばしば指摘される。企業利益の増加は事実だ。しかし、こうなったのは、生産性が高まったためではない。また、新しいビジネスモデルが開発されたからでもない。

利益が増加したのは、売上高が若干増加する中で、原価の増加率がそれを下回ったからだ。中でも、人件費の増加率が低かった。

人件費の伸びを抑えられたのは、非正規就業者が増えて、賃金が下落したからだ。

毎月勤労統計調査によれば、2012年の実質賃金指数は104・5だった。これが19年には99・9となった。7年間で4・4％の下落だ。GDPは低率とはいえ増加したが、実質賃金はこのように低下したのだ。

生産性を上げるのでなく、非正規の低賃金労働に頼る構造は、労働市場の不安定化をもたらした。

事実、コロナショックに見舞われた20年1月から6月の間に、非正規雇用者は105万人減少した。アベノミクスの期間に増えた非正規就業者322万人のほぼ3分の1に相当する人々が、この半年間ですでに職を失ったのだ。

失業率がさほど高まらないのは、その人たちが求職活動をせず、「非労働力人口」になったからだ。1月から6月の間に、完全失業者は30万人増で、非労働力人口は62万人増となっている。これらの和は、ほぼ非正規雇用者の減少数に等しい。つまり、非正規雇用者で職を失った人のうち30万人程度が失業者となり、60万人程度が非労働力人口になったものと解釈される。

結局のところ、アベノミクスとは、生産性を向上させることなく、非正規の低賃金労働に依存して企業利益を増やし、株価を上げたことだった。

負の遺産として、低生産性が放置され、労働市場が不安定化した。

これをどう克服していくかが、新しい政権の課題だ。

縦割り社会がもたらす問題

菅義偉内閣は、デジタル庁を作って行政のデジタル化を進めるとしている。方向としては賛成だ。

しかし、新しい役所を作っただけでデジタル化が進むわけではない。

現在の日本のＩＴシステムの問題は、発注側が評価能力をもたないため、ＳＩ（システムインテグレイター）の言いなりになり、古いシステムが温存されてしまうことにある。

この結果、企業は独自の閉鎖的な情報システムを持ち、システムも企業ごとにバラバラになる。中央省庁は縦割り、自治体はバラバラなので、省庁や自治体がバラバラに情報システムを構築する。

しかし、インターネットでは、組織間のつながりが重要なのだ。

日本政府がテレビ会議を満足にできないのは、省庁ごとのシステムがバラバラだからだ。給付金オンライン申請ができないのは、自治体システムとつながっていないからだ。

日本は縦割り社会といわれる。日本の組織（とくに大企業や官庁）は、あらゆる面で閉鎖的だ。そのことが、従来は、人事についていわれてきた。終身雇用制で、組織間の人材の移動が少ないという問題だ。同様のことが情報システムについても問題を引き起こしていることになる。

組織のトップが方向づけの能力を持つ必要

本来なら、こうした状態を矯正する力が働かなければならない。

その役割を果たすべきは、組織のトップだ。

日本におけるデジタル化の問題とは、単に紙をデジタルにするということだけでない。日本組織の閉鎖的縦割り構造をどうするかという問題なのだ。このためには、組織のリーダーが問題を理解している必要がある。

ところが、日本の組織のトップは、有名なベンダー企業に頼んだから大丈夫という考えに陥りがちだ。そして、「組織のトップはＩＴの細かいことなど知らなくてよい」と、多くの人が考えている。

これでは、ＩＴシステムの方向づけなどできるはずがない。そして、日本の現状が変わるはずはない。

人々の意識が変わることが必要だ。とりわけリーダーが正しい問題意識を持つことが絶対に必要だ。

〔第8章補論〕各国比較でどのような換算率を用いるべきか？

図表８－１のデータでも日本生産性本部のデータでも、日本の値をドルに換算するのに、購買力平価が用いられている。

購買力平価とは、「ある時点を基準時点とし、そのときと購買力が同じになるように為替レートが変化した場合のレート」のことだ。

日本とアメリカを考えると、日本の物価上昇率のほうが低いから、基準時点以後の為替レートは、基準時点より円高にならなければならない。２０１３年以前の時点を基準時点にとれば、現在の円ドル購買力平価は、現実のレートに比べてかなり円高になる。

購買力平価は、基準時点と、参照する物価として何をとるかによって異なる値になる。図表8－1の数字と日本生産性本部の数字の違いは、基本的には基準時点の違いによるものだ。為替レートが現在と非常に異なる時点を基準にすると、現実の為替レートとの差が大きくなる。

GDPなどのさまざまな指標を国際比較する場合、為替レートでドル換算して比較するが、最近時点の比較で日本の順位が低くなる理由として、円安がある。

1人当たりGDPについて現実の為替レートで換算した日米の値を見ると、日本の数字が13年あたりから急激に低下しているのは、アベノミクス以降、顕著な円安が生じたためだ。

ところが、購買力平価を用いた比較では、13年以降の円安の影響が除去されている。

以上を考えると、日本生産性本部が用いた1ドル＝98・6円という数字は、いまや現実離れしたものになったと考えざるをえない。

では、国際比較をする場合に、購買力平価と現実の為替レートのどちらが正しい尺度なのか？　そして、購買力平価を使うなら、いつを基準時点にすべきか？

「現実の為替レートではなく購買力平価を用いるべきだ」とする理由として、「現実の為替レートには、投機による影響があるから問題だ」と説明されることがある。確かにそうかもしれない。

しかし、いうまでもないことだが、現実に世界の取引は、その時点での為替レートで行なわれている。だから、円安が進むと、日本円で同額を支出しても、購入できる商品の量は少なくなる。それを考えれば、現実のレートを用いるほうが実感に合っているともいえる。

また、購買力平価は基準時点をどこにとるかで変わってしまうが、どこをとったとしても、その年次のレートが「正しい」ものであったかどうかは疑問だ。

以上から分かるように、この問題について、唯一の正しい答えというものはない。大雑把な目安としていえば、そのときどきの為替レートを用いるのでは、あまりに大きく変動することになりかねない。かといって購買力平価を用いるにしても、あまりに古い時点を基準時点にすると、現実との乖離が大きくなりすぎる場合がある。

ここで考えている対象であれば、図表8－1で用いている1ドル＝104円あたりが妥当なところではないかと考えられる。

図表一覧

第1章

第2章

第4章

第5章

第8章

【ワ行】

【マ行】

【ヤ行】

【ラ行】

【ハ行】

【ナ行】

【タ行】

【サ行】

【ア行】

【カ行】

索引

［著者］
野口悠紀雄（のぐち・ゆきお）
1940年東京生まれ。63年東京大学工学部卒業、64年大蔵省入省、72年イェール大学Ph.D.（経済学博士号）を取得。一橋大学教授、東京大学教授、スタンフォード大学客員教授、早稲田大学大学院ファイナンス研究科教授などを経て、2017年9月より早稲田大学ビジネス・ファイナンス研究センター顧問、一橋大学名誉教授。専攻はファイナンス理論、日本経済論。著書に『情報の経済理論』（東洋経済新報社、日経経済図書文化賞）、『財政危機の構造』（東洋経済新報社、サントリー学芸賞）、『バブルの経済学』（日本経済新聞社、吉野作造賞）、『「超」整理法』（中公新書）、近著に『データ資本主義』（日本経済新聞出版社）、『「超」AI整理法』（KADOKAWA）、『だから古典は面白い』（幻冬舎）、『中国が世界を攪乱する』（東洋経済新報社）など多数。

経験なき経済危機
——日本はこの試練を成長への転機になしうるか？

2020年10月27日　第1刷発行

著　者——野口悠紀雄
発行所——ダイヤモンド社
〒150-8409　東京都渋谷区神宮前6-12-17
https://www.diamond.co.jp/
電話／03･5778･7233（編集）　03･5778･7240（販売）
装丁————秦浩司
DTP————荒川典久
製作進行——ダイヤモンド・グラフィック社
印刷————加藤文明社
製本————ブックアート
編集担当——田口昌輝

ISBN 978-4-478-11199-4